Klaus Kordon
Die Einbahnstraße

Klaus Kordon, Jahrgang 1943, geboren und aufgewachsen in Berlin, versuchte sich in mehreren Berufen. Er machte das Abitur an der Abendschule, studierte Volkswirtschaft und unternahm Reisen nach Asien und Afrika.
Seine Bücher wurden in verschiedene Sprachen übersetzt und mit namenhaften nationalen Preisen ausgezeichnet, darunter mit dem Deutschen Jugendliteraturpreis.

Von Klaus Kordon
ist in den Ravensburger Taschenbüchern
außerdem erschienen:

RTB 52011
Robinson, Mittwoch und Julchen

Klaus Kordon

Die Einbahnstraße

Ravensburger Buchverlag

Lizenzausgabe
als Ravensburger Taschenbuch
Band 58012
erschienen 2003
Erstmals in den Ravensburger
Taschenbüchern erschienen 1987
(als RTB 4043)

Die Originalausgabe erschien 1979
im Spectrum Verlag, Stuttgart
© 1979 Spectrum Verlag, Stuttgart
Die Originalausgabe wurde für das
Taschenbuch vom Autor bearbeitet.

Umschlagillustration: Constanze Spengler

**Alle Rechte dieser Ausgabe
vorbehalten durch
Ravensburger Buchverlag**

Printed in Germany

**Die Schreibweise entspricht den Regeln
der neuen Rechtschreibung.**

16 15 14 13 12 11   08 07 06 05 04 03

ISBN 3-473-58012-0

1

Ich bin Charly. Unter Charly kennt man mich in unserer Gegend. Richtig heiße ich Wolfgang Carl.

Unsere Gegend: Die Leipziger Straße in B. und ein paar Straßen drum herum. B. ist eine norddeutsche Kleinstadt, ein ziemliches Nest, der Name ist ohne Bedeutung. Die Leipziger Straße ist keine Hauptstraße, ist eng und grau und unauffällig. Meine Eltern, meine Schwester Carola und ich wohnen in der Nr. 56, Herbert und seine Mutter in der 58. Schräg gegenüber in der 61 wohnt Andy. Herbert, Andy und ich sind Freunde.

Ich schreibe aus mehreren Gründen. Einer der Gründe: Ich möchte loswerden, was Herbert, Andy und ich im Sommer erlebten. Ein anderer: Ich muss mir über einiges klar werden.

2

Der Juni dieses Jahres war ein besonders heißer Monat. Für Andy und mich in zweierlei Hinsicht: erstens das Wetter, zweitens die Furcht, die neunte Klasse wiederholen zu müssen. Andy stand in Mathe und Chemie, ich in Englisch und Französisch auf Fünf. Nur Herbert – Notendurchschnitt 1,7! – hatte keine Sorgen. Sorgte er sich, dann um Andy und mich. Er versuchte uns mit durchzuziehen. Er lernte mit uns. Jeden Nachmittag.

Es war so heiß, dass Herbert, Andy und ich uns einen Platz

suchten, wo wenigstens ab und zu einmal ein Lüftchen wehte. Schließlich fanden wir auch einen: auf dem Dach des Hauses, in dem ich wohne. Wir breiteten Decken aus, um nicht auf der heißen Dachpappe sitzen zu müssen, tranken eiskalte Cola, aßen Obst, rauchten, diskutierten und lernten.
Herbert ist schmal, kurzlockig und blond. Seine Haut ist weiß. Nach dem ersten Tag auf dem Dach hatte er einen Sonnenbrand. Deshalb trug er ständig ein T-Shirt, auch wenn die Hitze noch so groß war.
Andy ist das Gegenteil von Herbert: schwarzhaarig, braun gebrannt, dunkle Augen. Er kommt an bei Mädchen, ist sehr sensibel, träumt viel.
Ich bin der Graue. Nicht blass, nicht braun, nicht blond, nicht dunkel – unauffällig bis zum Nichtvorhandensein.
Die ganze Stadt litt unter der Hitze.
Die, die einen Garten besaßen, waren aufgerufen, die Rasenflächen nicht zu sprengen. Sie machten es trotzdem. Nachts. Die Wiese im Park war gelb, die Rasenquadrate der Gärten waren grün. Von unserem Dach aus war das gut zu erkennen.
An jenem Tag, an dem mein Bericht beginnt, lag ich im Schatten der Brandmauer, drehte mir eine Zigarette und blickte auf unsere Straße hinab. Eine endlose Autoschlange hatte sich gebildet, der Verkehr war ins Stocken geraten; ein Möbelwagen versperrte den nachfolgenden Wagen den Weg. Die Möbelträger öffneten die Tür zur Ladefläche und begannen Stühle, Tische und Kisten abzuladen. Einige PKW-Fahrer verloren die Geduld, sie stiegen aus ihren

Autos und beschimpften die Möbelträger. Die arbeiteten weiter, als ginge sie der Ärger der Fahrer nichts an.
Ich wollte Andy und Herbert auf die Szene aufmerksam machen, aber die lagen bäuchlings auf der Decke und blätterten in Andys Mathebuch.
Die Möbelfahrer luden ihr ganzes Zeug aus. Geduldig ließen sie sich einen Vogel nach dem anderen zeigen. Erst als alles auf dem Bürgersteig stand, fuhr der Möbelwagen weiter. Die PKW-Fahrer stürzten zu ihren Autos zurück, die Möbelträger lachten und begannen die Möbel ins Haus zu tragen.
Ich drückte meine Zigarette aus und wollte mich abwenden. Da fiel mein Blick auf ein blondes Mädchen, das bei den Möbelträgern stand. Es lehnte neben dem Hauseingang. Ich behielt das Mädchen im Auge, bis es im Haus verschwand. Dann suchte ich die Fenster des gegenüberliegenden Hauses ab. Irgendwo hingen sicher keine Gardinen, eine Wohnung musste leer stehen. Ich fand die Wohnung; sie gehörte zu einem Balkon im dritten Stock. Nicht lange, und das Mädchen stand auf diesem Balkon.
Es war blass, fast bleich und nicht besonders hübsch. Es trug ein langärmeliges Sweatshirt – trotz der Hitze. Das Mädchen sah mich, wandte sich ab und begann Blumenkästen in die dafür vorgesehenen Halterungen zu stellen. Dann nahm es einen Sack mit Blumenerde und eine Schaufel und verteilte die Erde in die Kästen. Dabei sah es einmal kurz zu mir hoch. Ich grinste und erwartete ein Lächeln. Das Lächeln blieb aus.
Andy musste mitbekommen haben, dass ich nicht ins Blaue

hineinlächelte. Auf einmal stand er neben mir. Das Mädchen sah von mir weg und Andy an. Andy lächelte, das Mädchen lächelte zurück.

Andy wandte keinen Blick von dem Mädchen. Bis es den Balkon verließ.

3

Wir hatten bald Gelegenheit, die Neue näher kennen zu lernen. Am Tag darauf stand sie schon in unserer Klasse. Sie sah immer noch so blass und müde aus. Ihr Name war Inga Hoff.

Ich beobachtete, wie sie neben Hanne Platz nahm, ihr kurz zunickte und sich in der Klasse umsah. Es war irre: Sie sah sich um, und doch hatte ich den Eindruck, sie sah niemanden, nahm niemanden zur Kenntnis! Erst als sie Andy sah, flog ein flüchtiges Lächeln über ihr Gesicht.

In der ersten Pause stand alles beieinander und wunderte sich: Wer wechselt kurz vor den großen Ferien die Schule? Inga aber saß an ihrem Tisch, als wären wir gar nicht vorhanden. Bärbel versuchte mit ihr zu reden, ließ es aber bald sein.

»Es hat keinen Zweck«, sagte sie. »Die ist maulfaul.«

In der großen Pause gingen Herbert, Andy und ich zu dritt über den Schulhof. Herbert ließ sich über ein Matheproblem aus, er wollte es Andy erklären. Andy tat, als hörte er zu, in Wirklichkeit aber sah er nur Inga, die allein und in Gedanken versunken über den Schulhof wanderte.

Ich stieß Herbert an: »Lass dein Geplauder! Der sieht und hört nichts.«

Herbert kapierte nicht gleich, Andy aber sah mich böse an: »Red doch keinen Scheiß!«

An diesem Tag kam Andy nicht aufs Dach. Er hatte Herbert angerufen und gesagt, er hätte keine Zeit. Herbert und ich lagen auf unseren angestammten Plätzen, und Herbert versuchte, mir Englisch beizubringen. Doch ich konnte mich nicht konzentrieren. Ab und zu stand ich auf und sah zu dem bewussten Balkon hinüber.

Dann sah ich Inga. Sie stand vor der Haustür und unterhielt sich. Mit Andy. Sie trug Jeans und ein blaues, langärmeliges T-Shirt, sah gut aus und lachte. Andy lachte auch.

Herbert schüttelte den Kopf: »Also dafür hat er Zeit!«

Dafür hätte ich auch Zeit gehabt, dafür hätte ich auch die Paukerei auf dem Dach sausen lassen.

Wir sahen ziemlich lange auf die beiden hinab. Andy und Inga aber kamen nicht ein einziges Mal auf die Idee, zu uns hochzusehen, so vertieft waren sie ineinander.

Herbert schüttelte noch einmal den Kopf: »An seinem Galgen wird bereits gezimmert, Romeo aber lauscht Julia, anstatt zu fliehen.«

Herbert, wie er leibt und lebt!

Die beiden auf der Straße lösten sich von der Haustür, schlenderten die Straße entlang und bogen um die Ecke.

»Machen wir weiter?«, fragte Herbert.

»Rien ne va plus«, erwiderte ich. »Nichts geht mehr.«

Ich warf meinen Kram in die Decke, machte ein Bündel daraus und ging in unsere Wohnung hinunter. Im Wohnzimmer legte ich mich auf die Couch, stellte das Radio an und war sauer. Ich nahm Andy übel, dass er Herbert und mich kaltgestellt hatte. Andy war nie ein Ausbund an Offenheit gewesen; die Lehrer sagten, er wäre schlecht zu erreichen. Herbert und ich wussten das, akzeptierten auch, dass Andy hin und wieder für sich behielt, was in seinem Gehirnkasten so vor sich ging; wir sagten uns: Er ist halt so! Das mit Inga aber war Absicht gewesen, ein Trick.

Ich stellte das Radio aus und wieder an. Herbert, Andy und ich kennen einander, solange wir denken können. Auch unsere Eltern kennen sich. Andys Eltern haben lange auf ihn warten müssen. Als er endlich da war, war die Freude groß: Andy hier, Andy da, Andy überall! Es gab nichts, was Andy nicht durfte, was er nicht als Erster von uns allen bekam. Andy aber nutzte die Großzügigkeit seiner Eltern nie aus, hielt immer Maß und war auch viel zu bescheiden, um mit seinem dicken Portmonee, seinem Fahrrad oder Mofa zu prahlen.

Herbert ist ein anderer Fall, ist ein ewiger »armer Herbert«. Obwohl er vom Können her uns alle in die Tasche steckt. Sein Vater starb jung, war ein kränklicher Mensch. Herberts Mutter heiratete nicht wieder. Sie geht arbeiten, hält die Wohnung in Ordnung, ist still, freundlich, zurückhaltend; sie sorgt dafür, dass Herbert genug Zeit zum Lernen hat. Wenn es den beiden an etwas fehlt, ist es Geld.

Manchmal ist es eine Strapaze, mit Herbert und Andy befreundet zu sein. Als wir elf Jahre alt waren, wollten wir einmal in einen Tarzan-Film. Schön alt, richtig gut! Wir freuten uns schon tagelang vorher. Als es so weit war, hatte Herbert kein Geld, ich nur für mich und Andy wie immer mehr, als er benötigte. Andy fragte mich, wie wir Herbert auf seine Kosten mitlotsen könnten. Er dachte an Herberts ausgeprägtes Ehrgefühl. Ich ärgerte mich damals fürchterlich. In wenigen Minuten begann der Film, ich hatte Geld und konnte nicht ins Kino, weil der eine meiner Freunde zu viel, der andere zu wenig Geld hatte, und weil der eine zu zimperlich war, dem anderen kurz entschlossen eine Kinokarte zu kaufen, und der andere zu ehrpusselig, danke zu sagen und zu genießen. Ich musste mir was einfallen lassen. Also ging ich an einen Kiosk und kaufte drei Tüten Eis. Da Andy nahm, nahm Herbert auch. Ich war nun ebenfalls pleite, Andy musste Herbert *und* mich ins Kino einladen. Da Herbert nicht mehr einziger Almosenempfänger war, ging er mit.

Viel hat sich in dieser Beziehung bis heute nicht verändert. Ich bin nicht heiß ersehnt worden wie Andy, bin nicht das Ein und Alles meiner Eltern wie Herbert im Leben seiner Mutter. Als ich zur Welt kam, studierte mein Vater noch, meine Mutter verdiente nicht viel – ich kam ungelegen.

Es wäre nicht fair, Andys und meine Eltern zu vergleichen. Dazu war ihr Leben zu unterschiedlich. Dennoch: Ich hatte mir manchmal das Vertrauen gewünscht, das Herr und Frau Wilke Andy entgegenbrachten. Sie sagten nie: Um acht bist du zu Hause! Sie sagten: Wir essen um acht, wenn du später kommst, sag vorher Bescheid. Sie ließen ihr Geld in einer offenen Kassette liegen, vergaßen auch manchmal das Portmonee im Wohnzimmer. Und wenn sie Andy einkaufen schickten, rechneten sie das Wechselgeld nie nach, sondern nahmen es und bedankten sich.

Meine Eltern sind anders. Geld wird immer ordentlich weggeschlossen. Man soll niemanden in Versuchung führen, sagt mein Vater. Vielleicht war er als Kind oft in Versuchung, ich jedenfalls war noch nie in Versuchung, auch wenn Vater mir das – bis vor kurzem jedenfalls – nicht glaubte.

Als ich klein war, saß Vater ständig hinter einem Berg von Büchern und studierte. Besuchte ich ihn, störte ich nur. Einmal sagte er in seiner Wut, ich sei ein besonders lautes Kind. Da hielt ich die Klappe, bis er schließlich fand, ich sei verschlossen. Dazu fiel mir nichts weiter ein als heulen. Drei, vier Tage war er dann wie ausgewechselt, spielte mit mir und lachte. Dann hockte er wieder über seinen Zahlen, Formeln, Zeichnungen, ackerte für seinen Beruf: Elektroingenieur.

Carola wurde in eine Glückssträhne hineingeboren. Sie ist vier Jahre jünger als ich. Sofort nach ihrer Geburt gab Mutter ihre Stellung auf, ging auch später nur noch halbtags arbeiten. Vater hatte ausstudiert und eine Stellung gefunden. Er baute um und richtete für Carola und mich eigene Zimmer ein.

Carola ist hübsch. Alle mögen sie. Ich auch.

Eine Zeit lang schien es, als färbe Carolas Glanz auf mich ab, doch das war nicht von Dauer. Ich war der »dritte Erwachsene«, der alles können, Vorbild sein musste und keines war. In der Schule Mittelmaß und auch sonst nicht besonders begabt, enttäuschte ich meinen Vater Jahr für

Jahr aufs Neue. Carolas Schulstart verlief optimal, sie fand sich bestens zurecht, sang im Schulchor, und ihre Zeichnungen hingen überall in den Fluren der Schule.
Mutter und Carola sehen sich ähnlich. Ich mag Mutter und Mutter mag mich auch. Stimmt etwas nicht zwischen uns, dann das: Für Mutter ist Vater eine Art Boss. Sie widerspricht ihm nicht. Passt ihr etwas nicht, schweigt sie. So kommt es, dass die beiden manchmal tagelang nicht miteinander reden.

4

Der nächste Tag war ein Samstag. Andy sagte nicht, warum er tags zuvor keine Zeit gehabt hatte. Ich sprach ihn darauf auch nicht an. Ich sagte einfach nichts. Aber Herbert hielt das Schweigen nicht aus. »Kommst du heute?«, fragte er.
»Wohin?«
»Aufs Dach.«
Andy schüttelte nur stumm den Kopf. Keine Begründung, kein Wieso-Weshalb.
»Du bleibst sitzen!« Herbert konnte Andys Absage nicht verstehen.
»Na und?«, antwortete ich für Andy. »Ist doch sein Bier.«
Andy sah mich an, sagte aber nichts.
Am Nachmittag lagen Herbert und ich auf dem Dach und büffelten, und auch am Sonntagvormittag lagen wir auf dem Dach. Es herrschte eine Bullenhitze. Es war unmöglich, einen klaren Gedanken zu fassen. Herbert und ich

redeten über dies und das und ließen die Bücher und Hefte unaufgeschlagen.

Für den Nachmittag verabredeten wir, ins Schwimmbad zu gehen: das Einzige, was man an einem solchen Tag tun konnte.

Das Schwimmbad liegt ein wenig außerhalb. Es ist ein Fünfzigmeterbecken und bei schönem Wetter übervoll.

Herbert und ich fuhren mit meinem Mofa dorthin. Dann wanderten wir durch die Reihen nackter Körper und suchten einen Fleck auf der Liegewiese, auf dem wir uns langmachen konnten. Als wir eine freie Stelle entdeckten, legte sich Herbert sofort flach. Zwischen all den sonnengebräunten Bodybuilding-Typen kam er sich kleiner, weißer und mickriger vor, als er war.

Ich hockte mich hin und ließ den Blick schweifen: Köpfe, Arme, Beine – ein einziges Gewimmel.

Dann sah ich sie: Andy und Inga. Sie kamen aus dem Wasser, liefen, lachten, schüttelten sich, dass es spritzte. Sie liefen an Herbert und mir vorüber, ohne uns zu bemerken. Ihre Handtücher lagen hinter einem Gebüsch. Wären sie nicht aus dem Wasser gekommen, ich hätte sie nie entdeckt. Ich machte Herbert auf die beiden aufmerksam. »Die passen gut zusammen«, sagte ich. »Andy braun wie eine matschige Banane, Inga weiß wie ein Zuckerbäcker kurz vor Feierabend.«

Herbert sah mich an: »Lass das stecken.«

»Warum denn?« Ich stand auf, schlenderte auf Andy und Inga zu, setzte mich und sagte: »Hallo, ihr!«

Andy runzelte die Stirn und sah weg. Inga riss ihr Sweatshirt an sich und zog es über – obwohl sie noch ganz nass war, obwohl sie ein Bikinioberteil trug und ich ihr nichts weggucken konnte. Dann sah sie Andy an. Da Andy tat, als wäre ich Luft, schloss sie sich ihm an. Ich saß da wie auf glühenden Kohlen.

»Wasser nass?«, fragte ich Andy.

Es sollte ein Scherz sein und war nur ein ungeschickter Annäherungsversuch.

»Hhm.«

Das war alles. Mehr gab Andy nicht von sich.

Die beiden wollten allein sein, brauchten mich nicht. Trotzdem: Wie Andy mich abfahren ließ, war unfair. Wir gingen alle drei in dieselbe Klasse, Andy und ich kannten uns seit ewigen Zeiten – ein bisschen geheuchelte Freundlichkeit hätte er sich abringen können.

Ich stand auf. Die beiden rührten sich nicht. Ich hatte den Eindruck, Inga war die mir erteilte Abfuhr peinlich. Aber wieso hatte sie dann nicht zwei, drei Worte mit mir gewechselt? Hatte Andy mich bei ihr schlecht gemacht?

Ich schämte mich, ich war wütend, ich war traurig – alles zusammen! Vor Ärger hätte ich Andy in die Erde rammen können. Ich drehte mich um, ging und hockte mich wieder zu Herbert.

Herbert hob den Kopf. »Das war blöd«, sagte er.

Ich stand erneut auf, ging zum Becken und sprang hinein.

Ich blieb lange unter Wasser.

5

Montag Früh schrieben wir die lange zuvor angekündigte Mathearbeit. In Mathe hatte ich keine Probleme. Ich sah Andy schwitzen und er tat mir Leid. Aber andererseits: Warum hatte er uns im Stich gelassen? Inga wäre ihm nicht verloren gegangen, hätte er etwas mehr Mathe gebüffelt.

Am nächsten Tag schwitzte ich: die letzte Englischarbeit. Alles oder nichts! Der reine Horror.

Herbert hatte weder in Mathe noch in Englisch Schwierigkeiten. Er erkundigte sich bei mir, wie es gelaufen sei. Ich sagte: »Durchwachsen.«

Am Nachmittag paukten Herbert und ich Französisch. In Französisch war ich genauso mies wie in Englisch. Sprachen liegen mir nicht.

Wir paukten, bis es nicht mehr ging, bis mein Kopf streikte, bis mir alles egal war. Dann trennten wir uns. Ich legte mich in meinem Zimmer aufs Bett und starrte die Wand an. Es war einer von den Nachmittagen, an denen ich mich am liebsten selbst in die Ecke gestellt hätte. Die Englischarbeit lag auf mir, die Französischarbeit vor mir. Dazu der Ärger mit Andy.

Ich lag auf meinem Bett, bis Carola kam. Carola hat eine Art, die Tür aufzuschließen, die mich wahnsinnig macht. Sie schleicht sich in die Wohnung, als breche sie ein. Hört man nicht genau hin, bekommt man es gar nicht mit. An diesem Nachmittag ärgerte mich das besonders. Sie hatte ihren Kopf noch nicht ganz in der Tür, da schrie ich schon: »Raus!«

Carola zuckte zurück, schloss die Tür, schimpfte leise, aber laut genug, dass ich es hören konnte, und verschwand in ihrem Zimmer.

Nicht lange, und Carola begann laut zu lesen: Englisch. Ich sprang auf, raste in Carolas Zimmer und schrie sie an, sie solle ihren Lautsprecher leise stellen.

Carola sah mich an, als wäre ich der Bösewicht in einem Märchen. »Hast du Kummer?«

Hatte ich Kummer? Ich wusste es nicht. Ich lief in mein Zimmer zurück, warf mich auf mein Bett und presste das Gesicht ins Kissen.

Was war los mit mir? Was machte mich so missmutig? Waren es nur die Arbeiten, die Angst sitzen zu bleiben, ein Versager zu sein?

Ich stand wieder auf und lief aus der Wohnung. Planlos lief ich durch die Stadt. Blieb ich sitzen, würde ich nach der zehnten Klasse abgehen, dann sollte das Abitur machen, wer wollte. Taxifahrer würde ich werden. Oder Vertreter. Oder auch nur Beifahrer, Möbelträger oder irgendwas Ähnliches.

Ich sah in Schaufenster, studierte Kinoplakate, ich kaufte mir Zigaretten und rauchte. Ich ging durch den Park, suchte eine freie Bank – und blieb stehen: Andy und Inga! Sie saßen in der Knutschecke, eine von Büschen umgebene Bank. Früher hatten wir über die Pärchen gelacht, die sich dorthin zurückzogen. Jetzt saß Andy dort. Mit Inga.

Ich drehte mich um und ging.

Ich hatte auch mal eine Freundin gehabt: Krille aus unserer Klasse. Ich hatte sie geküsst und an die Brust gefasst. Es war

Neugier gewesen, weiter nichts. Krille war kein Mädchen, mit dem man Ehre einlegen konnte; sie war mit vielen gegangen. Eine Heimlichtuerei, wie Andy sie aufzog, hatte es nicht gegeben.

Zu Hause öffnete Vater. Er trug bereits seine Feierabend-Jeans. Das Hemd weit geöffnet, das in den letzten Jahren grau gewordene Haar in der Stirn.

»Alles in Ordnung?«, fragte er.

»Alles in Ordnung«, antwortete ich.

6

Am Mittwoch gab es die Mathearbeiten zurück. Andy hatte eine Fünf geschrieben. Herbert eine Eins, ich eine Drei. Der Mathelehrer zuckte die Achseln: »Ich fürchte, jetzt ist es zu spät.« Er meinte Andy. Andy sah nicht auf.

Dann schrieben wir die Französischarbeit. Sie hatte es in sich. Als ich fertig war, war ich fix und alle. Meine Finger waren so feucht, dass ich sie mir abspülen gehen musste. Die Erregung klang nur langsam in mir ab. Auf dem Flur traf ich den Englischlehrer. Als er mich und meinen fragenden Blick bemerkte, grinste er und hielt den Daumen in die Höhe.

Geschafft! Eine Drei in der Arbeit, eine Vier als Jahresendnote.

Es machte plumps: Wolfgang Carl war wieder wer!

Am Donnerstag ging es für Andy erneut um Kopf und Kragen: Chemiearbeit. Wir stöhnten: Jeden Tag eine Arbeit!

Andy stöhnte nicht. Er gab seine Arbeit als Erster ab. Der Chemielehrer besah sich die Arbeit und warf sie auf den Tisch.

In der Pause versuchte ich, mit Andy zu reden. Es kam nicht dazu: Andy ging Herbert und mir aus dem Weg. Er wollte nicht gefragt werden, wie es gelaufen sei.

In der großen Pause gingen Inga und Andy gemeinsam über den Schulhof – wie immer in den letzten Tagen. Es machte ihnen offensichtlich nichts aus, zusammen gesehen zu werden. Herbert und ich standen vor den Büschen, die den Schulhof vom Stadtpark trennen, und schwiegen uns an. Da raschelte es in den Büschen hinter uns. Wir drehten uns um: Ali.

Ali war nicht irgendwer, Ali war eine Größe. Eigentlich hieß er Alfred, Alfred Schmidt. Aber schon als wir noch ganz kleine Krümel waren, wurde er nur Ali gerufen. Jetzt war er zwanzig und sah gut aus: schwarzes Haar, buschige Augenbrauen, kräftiges Kinn. Er grinste und schlug mir auf die Schulter: »Na, Body? Alles okay?«

Wir waren alle seine Bodys und selbstverständlich war immer alles okay.

Ali ging nicht mehr zur Schule. Er war zweimal sitzen geblieben und nach der neunten Klasse von der Schule geflogen: Er hatte die kleine Kasse im Schulsekretariat geknackt. Alis Mutter hatte gewollt, dass er trotzdem einen Beruf erlernt: Maler. Doch Ali war nur drei Tage bei seinem Meister geblieben, dann hatte er den Pinsel in die Ecke geworfen: »Für die paar Piepen schinde ich mich nicht den ganzen Tag«, hatte er gesagt. Was er seitdem machte, ob er irgendwo irgendetwas arbeitete, wusste niemand. Nur, dass er immer Geld hatte, das wussten alle.

Alis Mutter arbeitet beim *Feinkost-Lehmann,* Alis Vater soll Feinkost-Lehmann selber sein. Ob das stimmt, weiß niemand. Die Gerüchte waren aufgetaucht, als der Lehmann versucht hatte, den Sohn seiner Verkäuferin zu erziehen. Er hatte es bald aufgegeben. »Ich lasse mir doch nicht auf der Nase herumtanzen«, hatte er gesagt, und: »Aus dem wird mal ein Gangster.« Meiner Mutter hatte er das auch gesagt. Als meine Mutter ihm entgegnete, dass man da doch was unternehmen müsse, hatte er gefragt, ob er sich etwa von Ali verprügeln lassen solle.

Uns imponierte das alles sehr, für uns war Ali ein prima Kumpel. Es störte ihn nicht, dass wir jünger waren, er behandelte uns nicht von oben herab.

Vor zwei Jahren war Ali plötzlich wieder in der Schule aufgetaucht. Um sich mal umzuschauen, wie er gesagt hatte. Zu uns war er nach dem Sportunterricht gekommen. Der Nolte, unser Sportlehrer, war schon gegangen. Ali hatte gefragt, ob wir eine Riesenwelle brächten. Dann war er ans Reck gegangen und hatte uns eine gezeigt. Wir waren mächtig beeindruckt gewesen.

Ein halbes Jahr hatte es gedauert, bis wir mitbekommen hatten, weshalb Ali sich in den Pausen auf dem Schulhof herumtrieb, weshalb sein roter Sportwagen in der Nähe der Schule parkte: Ali war Dealer, verkaufte Rauschgift. Keine harten Sachen, mehr das weiche Zeug: Shit*, LSD, und die ganze Pillenpalette.

Ich hatte über den langen Zadek von Alis Geschäften gehört.

Zadek rauchte Shit. Er war der Einzige von Alis Kunden, zu dem ich Kontakt hatte. Wir haben früher gemeinsam Fußball gespielt. Der Zadek hatte mir von Alis Grundsatz erzählt: keine harten Sachen, keine Shore**. Er fand das toll.

Es war im Stadtpark gewesen, um die Mittagszeit, wir hatten im Gras gelegen. Zadek hatte mir seinen Joint*** hingehalten und gesagt: »Beim ersten Mal spürst du nichts.«

Ich hatte tatsächlich nichts gespürt. Wenn mir komisch gewesen war, dann aus Angst.

Herbert und Andy hatten mich fertig gemacht: Ob wir keinen Fernseher hätten, ob ich keine Zeitung lesen würde? Mit Hasch und LSD beginne es, tief unten in der Drogenszene, beim Shore höre es auf. Einmal auf der harten Droge drauf, komme man nie wieder runter.

*   Haschisch
**   Shore – Heroin
*** Haschisch-Zigarette

Die Schulleitung bekam nichts mit von Alis Aktivitäten. Zwischen Schülern und Lehrern war ein Graben. All die Freundlichkeiten, die miteinander ausgetauscht wurden, waren bloße Politur. Alis Geschäftsprinzip, niemals hartes Zeug zu verkaufen, sorgte dafür, dass ihn eine Art Heiligenschein umgab. Sein Name wurde nur noch geflüstert, kam ein Lehrer vorbei, wurde geschwiegen und gegrinst. Wen Ali ansprach, der fühlte sich geehrt.

Nur einer hatte von Anfang an einen Bogen um Ali gemacht: Herbert. Für Herbert war Ali eine Art Al Capone. Wir lachten darüber. Man müsse die Welt nehmen, wie sie ist, sagten wir, und Rauschgift gehöre nun mal dazu. Und Ali wäre doch wenigstens ein Dealer mit Ehre. Sahen wir im Kino einen Gangsterfilm, kam darin ein abgebrühter Dealer vor, nickten wir: Ali! Wurde der Dealer am Schluss des Films erwischt, grinsten wir: Ali war cleverer!

Wann Ali begonnen hatte, Shore zu dealen, ist im Nachhinein nicht festzustellen. Ich hatte es mitbekommen, als ich den Zadek im Kino traf. In Erinnerung an unseren gemeinsamen Joint hatte ich gefragt, ob er anschließend wieder einen einpfeifen gehen würde. Der Zadek hatte abgewinkt: »Shit gibt mir nichts mehr.« Er hatte mir eine kleine Pille gezeigt: »Davon habe ich vorhin eine genommen. Nach 'nem geschmissenen Trip ist so'n Film noch mal so schön.« Es war LSD gewesen. Dass der Film Zadek gefiel, hatte ich gemerkt. Keiner hatte gelacht, geschrien und sich mit dem Helden geängstigt wie er. Vor dem Kino war er dann unheimlich still gewesen. »Der Trip ist die vorletzte Station«, hatte er gesagt. »Die nächste ist der erste Druck.«

Der erste Druck? Heroin? Ich hatte gedacht, der Zadek gäbe an. »Das dealt Ali nicht.«
»Meinst du?« Der Zadek hatte gegrinst.
Ich hatte mit Herbert und Andy darüber gesprochen; fortan beobachteten wir Ali genauer – und auch seine Kunden.
Alis Kunden hatten sich verändert. Eiskalt sagten sie, die Schule sei ihnen scheißegal, der Stress kümmere sie nicht mehr. Die Lehrer schickten Briefe an die Eltern, die Eltern kamen in die Schule – Bescheid wusste keiner: nur Ali, nur seine Kunden, nur wir.
Und jetzt ging Ali in seiner neuen Lederjacke an uns vorbei, ging über den Schulhof, sprach mal mit diesem und mal mit jenem. Dann entdeckte er Inga. Er ließ sie und Andy an sich vorübergehen und sah ihnen nachdenklich hinterher.

7

Dass Inga etwas mit Drogen zu tun hatte, war mir in dem Moment klar, als ich Ali ihr nachschauen sah. Ich sah Inga mit seinen Augen, sah ihr blasses, ewig müdes Gesicht – und erinnerte mich anderer blasser, müder, trockenhäutiger Gesichter; Gesichter, die ich im *Singapore* gesehen hatte.

Das *Singapore* ist eine der drei Diskotheken in unserer Stadt. An meinem letzten Abend mit Krille war ich dort gewesen. Ich bin kein Tänzer, und ich mag auch keine Diskotheken. Ich war mitgegangen, weil Krille sonst allein gegangen wäre.

Krille tanzte, während ich herumsaß und mir den Laden ansah. Mein Blick war auf eine Gruppe Jugendlicher gefallen, die um einen runden Tisch saß. Der Zadek hatte mit an diesem Tisch gesessen. Auf dem Weg zur Toilette, war er an mir vorbeigekommen. Ich hatte ihn angesprochen. Er war in Eile gewesen, hatte nur genickt und war weitergegangen. Da bin ich ihm einfach nachgegangen. Er hatte vor dem Waschbecken gestanden und sich ein Pulver auf die Oberseite der geballten Faust geschüttet. Dann hatte er die Faust an die Nase gelegt und das Pulver aufgesogen. Als er alles drin hatte, verzog er das Gesicht und spuckte ins Becken.

»Was is'n das?«, hatte ich gefragt.

»Koks*.«

Es hatte mir die Sprache verschlagen.

---

* Kokain

Der Zadek hatte gelacht und gesagt, jetzt müsse er ein Bier trinken, um den bitteren Geschmack loszuwerden. Er hatte mich mitgenommen, erklärt, ich wäre sein bester Freund, und Bier bestellt. Krille tanzte noch immer, und so war ich neben dem Zadek sitzen geblieben. Und der war immer lebhafter geworden. Seine Augen glänzten, er erzählte, schrie, lachte.

Inga hätte in die Runde vom *Singapore* gepasst.

Ich erzählte es Herbert – am Nachmittag, als wir auf dem Dach saßen und weiterlernten.

Herbert sagte, was er immer sagte: »Anzeigen! Den Schmidt muss man anzeigen.«

»Ich bin kein Anscheißer«, entgegnete ich. Der Gedanke, zur Polizeistation zu gehen, zu sagen: Herr Wachtmeister, ich weiß was!, erschien mir unmöglich. Ich wollte Ali nicht verpfeifen, wollte nicht von den anderen schief angesehen werden.

Wir redeten uns die Köpfe heiß, kamen aber zu keinem Ergebnis.

Abends war ich schweigsam. Mein Vater führte das auf das bevorstehende Zeugnis zurück. Ich schwieg weiter, bis er unwirsch wurde. Was ich mal werden wollte, wenn ich so weitermachte?

Ich hätte sagen können, dass ich seit Wochen Tag für Tag auf dem Dach säße und lernte und dass es gar nicht mehr so aussähe, als würde ich sitzen bleiben. Doch das sagte ich nicht. Ich sagte gar nichts.

Vater legte los: So was wie ich sei ihm noch nicht untergekommen. In einer so ernsten Situation den Kopf in den

Sand zu stecken. Ich würde das noch mal gewaltig bedauern.

Ich stand auf und ging aus dem Zimmer.

Mutter und Vater diskutierten dann. Sie sprachen leise. Nur Vaters Stimme hob sich ab und zu.

Am Tag danach erwartete ich Andy vor der Schule. Ich wollte mit ihm über Inga reden, wollte ihm sagen, was ich vermutete, und dass er aufpassen müsse, falls Ali sich an Inga heranmachen würde.

Doch vor Andy kam Inga. Weil ich herumstand und nicht tun konnte, als kenne ich sie nicht, nickte ich ihr zu. Sie nickte zurück.

Dann kam Andy. Er sah mich, dachte aber nicht, dass ich auf ihn wartete. Also hielt ich ihn an und sagte, ich müsse mit ihm sprechen, über Ali. Er schien bereit zu sein, mit mir zu reden, da setzte ich hinzu: »Und Inga.«

Andy machte die Luken dicht und ging weiter.

»Es ist wichtig«, beharrte ich, Andy am Arm festhaltend.

»Misch dich da nicht ein«, sagte Andy ernst.

Ich war sauer. Sollten Andy und Inga sehen, wie sie klarkamen, mehr als warnen konnte ich nicht.

8

Drei Tage vor der Zeugnisvergabe standen Herbert und ich vor den *Fox-Lichtspielen* und studierten die Actionszenen eines Karatefilms. Es war nach der Schule. Andy und Inga kamen die Straße entlang und stritten miteinander. Das heißt,

Andy stritt, Inga erwiderte nichts und sah nur trübe in die Gegend.

Dann sahen wir Alis Sportwagen. Er kam den beiden entgegen und hielt auf der gegenüberliegenden Straßenseite. Ali stellte den Motor ab, kurbelte das Seitenfenster hinunter und winkte den beiden.

Inga und Andy sahen zu Ali hinüber ohne ein Wort zu wechseln. Dann ließ Inga Andy plötzlich stehen, lief über die Straße und setzte sich zu Ali auf den Beifahrersitz. Ali fuhr nicht los. Er winkte Andy. Andy schüttelte den Kopf und ging weiter. Da startete Ali und fuhr mit Inga davon.

Andy kam an Herbert und mir vorüber. Seine Augen schwammen im Wasser. Herbert sprach ihn an, aber er reagierte nicht, ging nur stumm an uns vorüber.

Ich dachte über die Szene nach. Dass Ali Inga bearbeitete, hatte ich bemerkt. Jede Pause sprach er mit ihr. Wäre er sofort mit ihr davongefahren, hätte es mich nicht weiter verwundert: Ali aber hatte gewartet – und er hatte Andy gewinkt!

Andy und Rauschgift? Andy Alis Kunde? Jeder, aber nicht Andy!

Je länger ich darüber nachdachte, desto unsicherer wurde ich. Noch war Andy nicht Alis Kunde, wenn aber Inga Rauschgift nahm und Andy verknallt in sie war ...

Während des Mittagessens war ich wie abwesend, nicht einmal Carolas Sticheleien brachten mich auf. Mutter legte mir die Hand auf den Arm. »Mach dir keine Gedanken! Falls du wirklich sitzen bleibst, gehst du eben ein Jahr länger zur Schule.«

Nach dem Essen ging ich zu Herbert. Auch Herbert konnte sich nicht vorstellen, dass Andy einer von Alis Kunden werden könnte.

Wir gingen aufs Dach, lernten aber nicht mehr – alle Arbeiten waren geschrieben; in Französisch hatte ich eine Drei bekommen, also insgesamt eine knappe Vier.

Wir beobachteten Ingas Hauseingang.

Es war noch immer heiß, der Regen in der Nacht hatte kaum Abkühlung gebracht. Wir saßen da, schwitzten und warteten, bis Andy kam. Als wäre nichts geschehen, spazierte er auf Ingas Haus zu und verschwand in der Haustür.

Ich hatte ein ungutes Gefühl. Den ganzen Nachmittag über war mir, als bahne sich etwas an. Auch beim Abendbrot und vor dem Fernseher ließ mich dieses Gefühl nicht los. Mitten im Krimi stand ich auf und fragte Vater, ob ich noch einen Sprung zu Andy machen dürfe. Es war halb zehn. Mein Vater sagte, eine halbe Stunde könne er noch abzwacken, mehr nicht.

Ich zog mich an und lief los. Als ich vor Andys Tür stand, war ich sicher, dass er noch nicht zu Hause war. Ich vermutete richtig. Andys Mutter sah mich überrascht an: »Ich denke, er ist bei Herbert und dir.«

In diesem Augenblick kam Andy. Als er mich sah, blieb er stehen.

»Warst du bei Herbert?«, fragte Andys Mutter.

Andy nickte. Dann kam er, schob mich durch den Flur in sein Zimmer, schloss die Tür, packte mich an den Schultern und drückte mich gegen den Schrank. »Schnüffel nicht herum!« Er presste die Worte zwischen den Zähnen hervor.

Er war so ernst, so böse, dass ich erschrak. Dennoch fragte ich ihn betont ironisch: »Du warst also tatsächlich bei Herbert?«

Andy schlug mir ins Gesicht. Er musste verrückt geworden sein. Hätte ich zurückgeschlagen, er hätte keine Chance gehabt.

»Du mit deiner großen Schnauze«, sagte Andy, »du stinkst mir schon lange.«

Ich sagte: »Ich gehe.«

Andy setzte sich auf den Drehstuhl an seinen Schreibtisch, drehte sich zwei-, dreimal um die eigene Achse und sagte: »Hau ab!«

Ich ging und kam mir vor wie ein Idiot.

Erst im Treppenhaus fand ich die Worte wieder. »So, mein lieber Andy«, sagte es in mir, »jetzt ist er aus, der Ofen! Jetzt bist du für mich gestorben.«

Es war aber noch eine andere Stimme in mir, die sagte genau das Gegenteil, die fragte: Was ist los mit Andy? Ist er bereits Alis Kunde?

9

Am Tag, bevor es die Zeugnisse gab, wurde es Inga während der Englischstunde schlecht. Sie fragte, ob sie nach Hause gehen dürfe, und es wurde ihr erlaubt.

Ich sah zu Andy hinüber und konnte sehen, wie es in ihm kribbelte. Er wäre ihr gern nachgegangen, musste aber bleiben.

Als der Unterricht beendet war, lief Andy aus der Klasse. Herbert und ich sahen ihm nach.

Am Nachmittag saßen Herbert und ich wieder auf unserem Beobachtungsposten.

Wir kamen uns blöd vor, aber es war eine Unruhe in uns, die wir nicht unterdrücken konnten. Andy war nicht irgendein Freund, Andy war Andy.

Es dauerte nicht lange und Andy kam aus der Haustür. Sein Vater war bei ihm. Sie standen neben Herrn Wilkes Wagen und sprachen miteinander. Dann gaben sie sich die Hand, Herr Wilke stieg in seinen Wagen und fuhr davon. Andy wartete noch kurz, dann verschwand er in Ingas Haus.

Er blieb nicht lange. Als er das Haus wieder verließ, war er allein. Unschlüssig stand er vor der Haustür herum.

»Die ist nicht zu Hause«, sagte Herbert.

»Los, komm!«

Wir verließen das Dach. Als wir auf der Straße ankamen, war Andy bereits gegangen. Ich betrat Ingas Haus und ging in den dritten Stock hinauf, Herbert folgte mir. An der Tür mit dem Namensschild *Kurt Hoff* klingelte ich.

Eine Frau öffnete. Auf den ersten Blick sah ich: Die Frau war zweifellos Ingas Mutter, und sie hatte geweint.

»Ist Inga da?«

»Wer seid ihr denn?«

»Klassenkameraden.«

Ingas Mutter sah uns prüfend an. Herberts Gesicht schien ihr zu gefallen. »Da war doch eben schon der Andreas da«, sagte sie. »Kennt ihr den?«

»Das ist unser Freund.«

»Dann wisst ihr sicher Bescheid?« Ingas Mutter prüfte uns noch immer. Ich nickte schnell.
»Ich habe Angst«, sagte da Ingas Mutter. »Sie ist von der Schule nicht nach Hause gekommen.«
Ich bedankte mich, sagte, Inga würde schon noch kommen, und lief die Treppe hinunter. Auf der Straße setzte ich Herbert auseinander, was mir klar geworden war: Inga war drogenabhängig, und zwar schon sehr lange. Deshalb waren ihre Eltern aus der gewohnten Umgebung weg. Andy wusste davon und hielt Inga von uns fern; er wollte nicht, dass Ingas Sucht bekannt wurde.
»Mann!«, sagte Herbert nur.
»Ja«, sagte ich, »und jetzt sieht es so aus, als ziehe Inga Andy mit hinein, anstatt sich von ihm heraushelfen zu lassen.«
Herbert sah mich an, als könnte ich allein den Ausweg wissen. Ich aber wusste genauso wenig, was wir da tun sollten.

10

In der Nacht träumte ich, Andy befände sich auf der Flucht vor einer Gangsterbande. Er kletterte den Fenstersims eines Wolkenkratzers entlang, Herbert und ich lagen in einem Fenster und reichten ihm die Hände. Er kroch auf einen Balkon zu. Auf dem Balkon standen Inga und Ali und winkten. Ich schrie Andy etwas zu, beugte mich zu weit hinaus und stürzte vom Dach. Ich fiel und fiel und schlug auf. Ich bekam keine Luft mehr, riss den Mund auf – und erwachte.

Während ich im Bett lag und den Traum verklingen ließ, trällerte Carola im Nebenzimmer. Sie freute sich auf ihr Zeugnis.

Beim Frühstück machte Vater Späße. Wir sollten uns ja nicht einfallen lassen, die Zeugnisse unterwegs zu verlieren. Ich lachte nicht, Carola aber kicherte aufgeregt; für sie war dieser Tag ein großer Tag.

Bevor ich ging, sagte Vater zu mir: »Mach keinen Mist!« Er befürchtete noch immer, ich könnte sitzen geblieben sein.

In der Klasse war es lauter als sonst. Den meisten fiel gar nicht auf, dass Inga nicht anwesend war. Nur Herbert und mir. Und Andy.

Der Knoll, unser Klassenlehrer, gab die Zeugnisse aus. Er sagte jedem etwas. Herbert erntete doppeltes Lob. Der Knoll wusste, wie Herbert mit mir gepaukt hatte. Ich bekam mein Zeugnis mit der Aufforderung, im nächsten Jahr nicht wieder zu warten, bis es brennt. Ich nickte und meinte das ehrlich.

Andy blieb sitzen. Er hatte es vorher gewusst. Als er sein Zeugnis entgegennahm, wurde er dennoch rot.

Dem Knoll tat Andy Leid. Er sagte, das wäre nicht nötig gewesen. Eine Chance gäbe es noch, Andy könne in Mathe und Chemie Nachprüfungen machen. Die hätten allerdings nur dann einen Sinn, wenn Andy seine Einstellung zur Schule ändere.

Herbert wandte keinen Blick von Andy ab. Für Herbert war sitzen bleiben das Schlimmste, was einem widerfahren konnte.

Nach der Schule standen wir alle noch ein bisschen auf dem

Schulhof herum. Andy war noch beim Knoll, der ihm einiges über die Nachprüfungen erzählte. Als Andy schließlich über den Schulhof kam, gingen Herbert und ich mit ihm nach Hause.

Natürlich schwiegen wir. Einmal fragte ich nach Inga. Warum sie nicht gekommen sei. Andy erwiderte, sie habe ihr Zeugnis schon – noch von der alten Schule.

Als wir uns verabschiedeten, klopfte ich Andy auf die Schulter. »Halt die Ohren steif!« Was hätte ich anderes sagen sollen?

Zu Hause tobte Carola herum. »Ich habe das beste Zeugnis der Klasse«, rief sie und strahlte. Ich konnte mir nicht verkneifen zu sagen, in ihrem Alter hätten meine Zeugnisse auch besser ausgesehen.

Carola verzog den Mund: »Du bist ein Muffel!«

Mutter begutachtete die Zeugnisse, als sie mittags nach Hause kam. Natürlich war sie stolz auf Carola. Mir fuhr sie erleichtert durchs Haar.

»Das muss nächstes Jahr noch besser werden. Denk an deinen Beruf«, sagte sie.

»Erst mal 'ne Lehrstelle haben«, gab ich zurück.

Bei Vater zog das Argument nicht. »Umgekehrt wird ein Schuh daraus«, meinte er, als er am Abend auf die gleiche Forderung die gleiche Antwort erhielt. »Liefere erst ein gutes Zeugnis und beschwer dich dann über die fehlenden Ausbildungsmöglichkeiten.«

Es war mir noch nie gelungen, Vater in einem Gespräch an die Wand zu drücken, deshalb erwiderte ich nichts darauf. Recht hatte er aber nur teilweise. Wo bleibt die Motivation, gut zu lernen, wenn die Chancen, einen Ausbildungsplatz zu erhalten, so gering sind? Das hat sogar der Knoll gesagt.

Kurz vor Ladenschluss besorgte Vater ein Englisch-Wörterbuch. Das Wörterbuch war für Herbert, ein Original English Dictionary.

Nach dem Abendessen brachte ich Herbert mein »Danke schön«. Er war ganz verlegen, aber er freute sich: »Ein Traum von einem Wörterbuch!«

Wir waren happy, bis Herberts Mutter kam und Andy bedauerte. Wie das nur hatte passieren können? Wo wir doch so miteinander gelernt hätten!

Herbert und ich senkten die Köpfe und sagten nichts, bis Herberts Mutter uns allein ließ. Dann sagte ich was: »Scheiße!«

Abends saßen Vater, Mutter, Carola und ich im Wohnzimmer und tranken Wein. Wir stießen auf die Zeugnisse an. Carola bekam nur ein halbes Glas Wein. Sie maulte, aber Mutter meinte, Carolas Hirn wachse noch, Alkohol behindere das Wachstum.

Auch meine Eltern kamen auf Andy zu sprechen. Mutter meinte, sie verstünde das nicht, Andy sei doch nicht dumm, und er hätte doch mit Herbert und mir jeden Tag gelernt.

Ich schwieg. Ich hatte das Bedürfnis, viel Wein zu trinken, alle meine schweren Gedanken aus dem Kopf zu bekommen.

Es gelang mir auch. Als ich im Bett lag, schlief ich sofort ein.

11

Mitten in der Nacht klingelte das Telefon. Unser Telefon steht im Flur, direkt neben meinem Zimmer, es war nicht zu überhören. Ich drehte mich um. Vater ging an den Apparat.

Dann kam er in mein Zimmer und schaltete das Licht ein. Ob ich wisse, wo Andy sei? Ich begriff nicht. »Zu Hause.«
»Dann würde seine Mutter nicht bei uns nach ihm fragen.«
Ich musste aufstehen und an den Apparat gehen.
»Charly, bist du's?«, fragte Andys Mutter. Ihre Stimme klang aufgeregt. Ich erfuhr, dass Andy am Nachmittag fortgegangen und nicht wiedergekommen war. Ich sah auf die kleine Uhr neben dem Telefon – es war halb zwölf.
Ob ich mir denken könne, wo Andy steckt?
»Bei Inga?«, fragte ich vorsichtig. Ich war noch immer nicht ganz wach, sonst hätte ich das nicht gefragt.
»Inga? Wer ist Inga?«
»Ein Mädchen aus unserer Klasse.« Jetzt musste ich Farbe bekennen.
»Was soll er denn um diese Zeit bei einem Mädchen?«, fragte Andys Mutter ungläubig.
Ich sah Vater an. Dann sagte ich: »Die Inga …«
Vater nahm mir den Hörer aus der Hand. »Frau Wilke? Kommen Sie doch am besten mal kurz zu uns rüber. Ich glaube, der Wolfgang hat uns einiges zu erzählen.«
Ich ging in mein Zimmer, setzte mich auf mein Bett und wartete. Ich wusste, Vater würde kommen.
Er kam. »Was ist los?«

Während ich meine Jeans und einen Pullover überzog, erzählte ich von Andy, Inga und Ali.

Vater hörte zu. Als ich fertig war, sah er mich eine Zeit lang stumm an. Dann schlug er mir ins Gesicht. Ich spürte, wie sehr ich ihn erschreckt hatte, sah die Empörung in seinen Augen und akzeptierte die Ohrfeige.

Die Worte, die auf die Ohrfeige folgten, hatten ebenfalls ihre Berechtigung. Was ich von einem halte, der zusieht, wie ein Verbrecher ein Verbrechen nach dem anderen begeht?

Ali war ein Verbrecher. Wieso hatte ich das bis dahin nicht gewusst? Warum hatte ich zugeschaut, warum hatte ich es abgelehnt, Ali anzuzeigen? Was war das für eine Ehre, die ich mir hatte bewahren wollen?

Auch Mutter war inzwischen aufgewacht. Sie sagte lange nichts. Als sie etwas sagte, gab sie ihrer Enttäuschung Ausdruck: »Das hätte ich nicht von dir erwartet. Dein bester Freund ...«

Ich war am Boden zerstört.

Dann kamen Andys Eltern. Sie hatten nur Augen für mich, wagten es aber nicht, gleich mit ihren Fragen loszulegen.

Wir saßen im Wohnzimmer, meine Eltern in ihren Morgenmänteln, Andys Eltern in ihrer sommerlichen Kleidung, ich in Jeans und Pullover. Vater gab mir einen Wink. Ich begann meinen Bericht. Diesmal erzählte ich noch ausführlicher, ließ nichts aus. Ich sagte auch alles über Ali und die Rolle, die er spielte.

Je länger Andys Eltern mir zuhörten, desto unruhiger wurden sie. Schließlich sagte Andys Vater: »Von alledem hatten wir keine Ahnung.«

Mutter schüttelte verzweifelt den Kopf: »Warum hast du nicht früher den Mund aufgemacht?«
Ich senkte den Kopf. Alle vier Erwachsenen schienen dasselbe zu denken.
Dann erzählte Andys Mutter, wie Andy nach der Schule nach Hause gekommen war. »Er war traurig, natürlich, er war ja sitzen geblieben. Ich war eigentlich zuerst nur überrascht. Damit hatte ich, nachdem die Jungen jeden Tag lernten, nicht mehr gerechnet. Erst später wurde ich ärgerlich und machte ihm Vorwürfe, dass er es so weit hatte kommen lassen. Ich schimpfte, er ging in sein Zimmer und kam nicht wieder heraus. Erst am Nachmittag, da kam er und sagte, er müsse an die Luft.«
Mutter legte den Arm um Frau Wilke. »Machen Sie sich nicht zu viele Sorgen.« Und als hätte Andys Mutter nur darauf gewartet, weinte sie los: »Man hört so viel von Schülerselbstmorden.«
Vater und Mutter warfen sich Blicke zu.
»Ich glaube nicht, dass Andy so etwas tun würde«, sagte ich. »Ich würde das jedenfalls nicht tun; und wenn ich nur Sechsen auf dem Zeugnis hätte!«
»Das ist vernünftig«, meinte Herr Wilke. Dann fragte er, wo Andy stecken könne.
»Vielleicht ist er mit Inga zusammen weg.«
»Wie heißt das Mädchen denn mit Nachnamen?«
»Inga Hoff.«
Mein Vater holte das Telefonbuch und begann zu blättern.
»Die werden nicht drin sein«, sagte ich, »die sind neu in der Stadt.«

»Die haben vielleicht noch gar kein Telefon«, vermutete Mutter.

»Dann gehen wir hin.« Herr Wilke stand auf. »Kommst du mit?«, fragte er mich.

Bevor ich antworten konnte, sagte Vater: »Selbstverständlich geht er mit.«

Ich ging in mein Zimmer und zog mich an. Mir war wie in einem Traum, so unwirklich erschien mir alles.

Auf der Straße sagte Herr Wilke: »Es ist schade, dass du uns nichts davon gesagt hast, dass Andreas nicht mehr mit euch gelernt hat. Aber geschehen ist nun mal geschehen. Und wir können das ja auch verstehen; wir wollen es vergessen und alles tun, um Andy wieder zu finden.«

Andys Vater ist einsame Klasse.

Bei Hoffs brannte Licht. Das bestätigte meine Vermutung: Andy und Inga waren gemeinsam fort.

Ein großer, kräftiger Mann öffnete die Tür. Als er sah, dass es nicht Inga war, die vor der Tür stand, veränderte sich sein Gesichtsausdruck. »Ja, bitte?«

Herr Wilke begründete unser Kommen. Herr Hoff nickte und bat uns herein.

Auch Inga war nachmittags weggegangen und nicht nach Hause gekommen.

Ich fühlte mich nicht wohl in meiner Haut, kam mir überflüssig vor, wäre am liebsten gegangen.

»Polizei?«, fragte Andys Vater.

Herr Hoff lachte bitter: »Polizei! Die hilft Ihnen nicht. Die Inga ist schon mal ausgerissen, voriges Jahr, als das ganze Theater anfing. Die Polizei hat ein Protokoll gemacht,

gefunden hat sie die Inga nicht.« Er lachte noch einmal: »Wie sollte sie auch? Wissen Sie, wie viele Jugendliche täglich verschwinden?«
»Aber irgendetwas muss man doch tun.«
»Natürlich müssen Sie zur Polizei gehen«, sagte Herr Hoff. »Natürlich müssen auch wir zur Polizei gehen. Nur: Versprechen Sie sich nichts davon! Wir haben unsere Erfahrungen.«
Frau Hoff begann leise zu weinen.
Herr Hoff sprang auf. »Hör auf!«, bat er seine Frau. »Mach dich nicht kaputt! Kommt Inga wieder oder wird sie gefunden, kommt sie in ein Heim. Ich hab es satt.«
»Da wird sie doch erst recht mit dem Zeug konfrontiert.«
»Das ist mir egal!« Herr Hoff lief erregt im Zimmer auf und ab. »Ich lebe nur einmal, ich lasse mir nicht alles zerstören.« Er streckte die Hände aus: »Was soll ich denn tun? Soll ich wieder die Stadt wechseln, mich weiter verschlechtern, Bäume fällen im Bayerischen Wald, nur damit meine Tochter nicht immer wieder auf den nächsten Dealer hereinfällt?« Er wandte sich an Herrn und Frau Wilke: »Ich bin Ingenieur für Verkehrswesen. Arbeit gibt es für mich nur in Großstädten, aber Großstädte sind für Inga zu gefährlich. Wir sind aufs Land gezogen, weil uns die in der Beratungsstelle für Drogenabhängige dazu rieten. Und jetzt geht alles von vorne los.«
»Haben die Ihnen denn nicht helfen können?«, fragte Herr Wilke. »Man liest doch immerzu, man soll sich an die Beratungsstellen wenden.«
»Ach was!« Herr Hoff setzte sich wieder und steckte sich

eine seiner starken Zigaretten an. »Die haben auch kein Allheilmittel. Die einen sagen, nur der Süchtige selbst kann sich helfen – er müsse den Willen dazu aufbringen –, die anderen sagen, ein Süchtiger hat keinen Willen, nur die Familie, die Umwelt könne ihm helfen.«

Herr Hoff machte eine Pause, dann sagte er: »Wir haben versucht, Inga zu helfen. Wir haben mit ihr geredet, an ihre Vernunft appelliert – immer wieder. Sie hat gar nicht zugehört. Manchmal hatte ich den Eindruck, ihr wurde schlecht von all dem Gerede.«

»Wir haben uns Vorwürfe gemacht, haben uns gefragt, was wir falsch gemacht haben ...«, Frau Hoff schluchzte.

»Natürlich haben wir Fehler gemacht!«, unterbrach Herr Hoff seine Frau und wandte sich an Herrn Wilke. »Aber reden sie mal mit Ihrem Sohn, wenn Sie nur Ja und Amen zur Antwort bekommen, wenn Sie nicht wissen, was in seinem Kopf vorgeht – bis er eines Tages weg ist, einfach abgehauen.«

»Kurt!« Frau Hoff legte ihrem Mann die Hand auf den Arm.

Herr Hoff zog den Arm weg. »Ja, ja!«, sagte er. »Ich weiß: Es ist meine Schuld, wenn meine Tochter kein Vertrauen zu mir hat – ich habe sie ›unterdrückt‹, hätte mehr Zeit für sie haben müssen.« Er sprang erneut auf und lief im Zimmer hin und her. »Ich bin auch wer, habe auch ein Leben – bin nicht nur Vater, auch Mensch.« Er blieb vor dem offenen Fenster stehen und sah in die Dunkelheit hinaus. »Da hat man jahrelang studiert und ist jetzt Sachbearbeiter. Und meine Frau hat überhaupt noch keine Stellung gefunden.«

Herr und Frau Wilke schwiegen. Frau Hoff zögerte, dann sagte sie: »Und schließlich hatten wir daheim ja auch unsere Freunde.«

»Ich verstehe.« Herr Wilke nickte. »Das alles ist für Sie sehr schwer.«

Dann fragte Herr Hoff: »Haben Sie Geld im Haus? Ist noch alles da?«

»Andy stiehlt nicht.« Das kam von Andys Mutter.

Herr Hoff lachte bitter: »Wissen Sie das genau? Schauen Sie lieber nach. Umsonst gibt es das Zeug nicht und Inga bekommt seit damals keinen Pfennig in die Hand.«

»Sie meinen, Andreas könnte Inga Rauschgift besorgt haben?« Herr Wilke schien daran noch gar nicht gedacht zu haben.

»Was denn sonst?« Herr Hoff drehte sich herum: »Und außerdem müssen Sie damit rechnen, dass Ihr Sohn das Zeug inzwischen auch nimmt.«

Herr und Frau Wilke sahen sich an.

»Süchtig kann er in der kurzen Zeit nicht geworden sein.« Herr Hoff setzte sich und zündete sich eine neue Zigarette an. »Um süchtig zu werden, muss ein gewisser Wille zum Treibenlassen vorhanden sein. So sagen die auf der Beratungsstelle. Dieser Wille aber wird wesentlich durch das Elternhaus beeinflusst ... Vielleicht sind Sie ja bessere Eltern als wir ...«

»Wie kam das denn bei Inga? Hat Ihre Tochter Ihnen das erzählt?«, fragte Frau Wilke.

Herr Hoff schüttelte den Kopf. »Seitdem sie zurück ist, spricht sie kaum noch mit uns.«

»Aber wo war sie?«

»Überall.« Herr Hoff schwenkte den Arm. »Auf jeden Fall nicht in der besten Gesellschaft.«

»Kurt!« Frau Hoff sah ihren Mann bittend an. Herr Hoff aber lachte böse »Da gibt es doch nichts zu verschweigen! Wie sie sich das Geld für den Stoff besorgt hat, wissen wir doch.«

Herr und Frau Wilke wurden immer nachdenklicher. Dann standen sie auf und sagten, sie wollten erst einmal zu Hause nachsehen, und wenn Andy nicht dort wäre, die Polizei informieren.

Frau Hoff brachte Andys Eltern noch zur Tür und bat Frau Wilke vorbeizukommen und Bescheid zu sagen, sobald sie etwas wüsste.

Auf der Straße blieben Herr und Frau Wilke stehen. »Komm bitte noch mit«, baten sie mich. »Vielleicht stellt man auf der Polizei irgendwelche Fragen.«

12

Andy war nicht zu Hause. Und auch im Briefkasten lag keine Mitteilung, wie es Frau Wilke auf dem Heimweg noch gehofft hatte.

Ich saß im Wohnzimmer der Wilkes und wartete. Ich war nicht müde. Einmal fragte ich mich, warum ausgerechnet ich daran glauben musste und nicht Herbert. Dann stellte ich mir vor, wie aufgeregt Herbert gewesen wäre, erlebte er das alles, und war froh, dass es mich getroffen hatte.

Herr und Frau Wilke überprüften ihr Geld. Als sie ins Wohnzimmer kamen, sah ich ihnen an, dass Herr Hoff Recht gehabt hatte: Andy hatte Geld gestohlen.
Herr Wilke trug ein schmales Broschurbändchen in der Hand, das er in Andys Zimmer gefunden hatte: eine Schrift über Drogen und Drogenabhängige. Andy hatte darin gelesen, bestimmte Sätze waren angestrichen.
»Er wollte ihr helfen«, sagte ich.
Herr Wilke nickte. »Und doch hat er Geld gestohlen, um ihr neue Drogen zu kaufen.«
Eine Zeit lang sagte niemand etwas. Dann erhob sich Herr Wilke, forderte mich auf mitzukommen und bat seine Frau, zu Hause zu bleiben: »Falls Andy doch noch kommt. Es ist besser, es ist jemand da.«
Frau Wilke wollte wach bleiben. Schlafen könne sie sowieso nicht, sagte sie.
Herr Wilke und ich gingen los. Es war inzwischen drei Uhr morgens. Herr Wilke war sehr schweigsam, er dachte nach. Einmal sagte er: »Da denkt man, man macht es besonders gut – und dann passiert so was.«
Auf der Polizeistation waren zwei Beamte. Der eine tippte auf einer Schreibmaschine herum, der andere trug etwas in ein Buch ein. Der über dem Buch sah auf, als wir eintraten. Herr Wilke nannte seinen Namen und berichtete von Andys Verschwinden.
Der Beamte sah nur mich an. Unentwegt ließ er seinen Blick auf meinem Gesicht ruhen. Als Herr Wilke fertig war, fragte der Beamte mich: »Ali? Ist das dieser Alfred Schmidt?«
Ich nickte.

»Der handelt mit Rauschgift?«

Ich senkte den Kopf und nickte wieder.

»Weißt du das hundertprozentig?«

Ich zögerte.

»Na, dazu später!« Der Beamte nahm einen Vordruck heraus und fragte Herrn Wilke über Andy aus. Als er fertig war, sah er wieder mich an. »Wie lange weißt du schon, dass der Schmidt ein Dealer ist?«

Ich zuckte die Achseln. »Halbes Jahr oder so.« Das stimmte nicht, es war ein ganzes Jahr.

Das halbe Jahr genügte. »Und da lasst ihr ihn fröhlich dealen?«, fragte der Beamte. »Seht zu, wie der einen nach dem anderen fertig macht?«

Ich sah auf das Plakat an der Wand: Terroristenfahndung. Aber ich sah kaum etwas: Mir stand das Wasser in den Augen. Sie hatten ja Recht, Vater, Mutter, die Wilkes, der Polizist ... alle hatten sie Recht.

Herr Wilke wurde ungeduldig. »Machen Sie dem Jungen keine Vorwürfe. Sehen Sie zu, dass Sie meinen Sohn und diese Inga finden!«

Der Beamte an der Schreibmaschine stellte sein Getippe ein und drehte sich herum. Er war noch jung. »Sollen wir gleich losgehen?«

Der ältere Beamte versuchte, seinen Kollegen zu beschwichtigen. Aber ohne Erfolg. »Na, ist doch wahr!«, sagte er. »Die Eltern haben ihre Kinder nicht unter Kontrolle, haben keine Ahnung, wo die sind, erwarten aber, dass wir sie in fünf Minuten zur Hand haben. Und noch dazu mitten in der Nacht.«

Herr Wilke entschuldigte sich und fragte: »Was unternehmen Sie jetzt?«

»Wir warten vierundzwanzig Stunden ab. Hat sich Ihr Sohn bis dahin nicht gemeldet, schreiben wir ihn zur Fahndung aus.«

Herr Wilke dachte an Herrn Hoffs Worte. »Wie viele werden denn da jeden Tag zur Fahndung ausgeschrieben?«

»Im ganzen Bundesgebiet? Hunderte.« Der ältere Polizist sagte das. »Die meisten halten nur eine Nacht aus, dann sehnen sie sich nach Bett und Küche zurück und nehmen Schläge oder Schlimmeres in Kauf.«

»Ich schlage meinen Sohn nicht.« Andys Vater sagte das ganz ruhig.

»Das hätten Sie vielleicht mal tun sollen«, sagte der Polizist an der Schreibmaschine. »Dann hätte Ihr Sohn wenigstens gewusst, dass Sie sich was aus ihm machen.«

Darauf antwortete Herr Wilke nicht. Dem älteren Beamten behagten die Bemerkungen seines jüngeren Kollegen nicht. Er wandte sich wieder mir zu: »Bist du auch einer von Schmidts Kunden?«

Ich schüttelte den Kopf. Die stummen Antworten erschienen mir die besten.

»Aber dass er ein Dealer ist, das weißt du?«

Ich nickte.

»Was hat er denn verkauft?« Der Beamte machte sich Notizen.

Ich zuckte die Achseln.

»Na, Hasch, LSD, Heroin?«

»Das weiß ich nicht«, log ich.

Der Beamte stieß die Luft aus. »Und das hat dich nicht interessiert?«

Ich schüttelte den Kopf.

Der Beamte schüttelte auch den Kopf. »Ich verstehe euch nicht!«

Der an der Schreibmaschine nahm mich ins Visier: »Warum bist du nicht früher gekommen?«

Ich antwortete nicht.

Herr Wilke mischte sich ein. »Wenn Sie den Jungen vernehmen wollen, wäre es nicht besser, Sie täten das später? Er ist ja todmüde.«

Der an der Schreibmaschine sah Herrn Wilke an. »Sie sind zu weich. Die Burschen vertragen schon was. Sie müssten mal sehen, wie die bei den Demonstrationen auf uns losgehen.«

»Scheren Sie doch nicht alle über einen Kamm!« Herr Wilke wurde ärgerlich.

Der Beamte drehte sich zu seiner Schreibmaschine zurück. »Manche lernen nie dazu.«

Der ältere Beamte wandte sich noch einmal an mich: »Hast du weitere Zeugen?«

Ich dachte an Herbert und nickte. Laut aber sagte ich: »Die ganze Schule weiß davon.«

»Die ganze Schule?«

»Ja.«

»Auch die Lehrer?«

Ich dachte daran, wie oft Ali in den Pausen auf dem Schulhof herumspaziert war. »Ahnen hätten sie es eigentlich müssen.«

»Auch noch die Lehrer!« Der an der Schreibmaschine schlug sich vor die Stirn.

»Vorsicht!« Der ältere Beamte sah seinen Kollegen warnend an. »Nicht jeder ehemalige Schüler, der seine Freunde besucht, ist ein Dealer.« Dann sagte er zu mir: »Wir werden die Sache untersuchen. Tue uns den einzigen Gefallen, sprich nicht darüber!«

»Verhaften Sie diesen Schmidt denn nicht?«, fragte Herr Wilke.

»Erst, wenn wir ihm was nachweisen können.«

»Sie haben Zeugen.«

»Bis jetzt nur einen.«

»Machen Sie eine Hausdurchsuchung.«

»Dafür brauchen wir einen Befehl.« Beide Beamten lachten: »Denken Sie, der hat das Zeug in der Blumenvase?«

»Und was machen Sie nun?«

»Das«, der Beamte, der an der Schreibmaschine gesessen hatte, kam auf Herrn Wilke zu, »lassen Sie mal unsere Sorge sein.«

13

Ich schwieg. Nur einem berichtete ich von den Geschehnissen dieser Nacht: Herbert. Und der wusste ohnehin Bescheid. Wir saßen im Park auf der Bank und waren angeschlagener Stimmung. Wir sagten uns, dass wir etwas tun müssten, aber wir wussten nicht was.

Herbert war sauer auf sich, weil er sich hatte breitschlagen lassen, nicht zur Polizei zu gehen und Ali anzuzeigen. Auf mich, der ich ihn breitgeschlagen hatte, war er nicht sauer. Wir saßen da und überlegten und kamen zu keinem Ergebnis. Schließlich gingen wir zu Wilkes.

Herr Wilke hatte einen Tag frei genommen. »An Arbeit ist heute sowieso nicht zu denken«, sagte er.

Andy hatte sich nicht gemeldet.

Herbert und ich baten Herrn Wilke, uns zu verständigen, falls es Neues gäbe. Dann schlenderten wir durch die Stadt: von der Leipziger zum Marktplatz, vom Marktplatz hinaus zum Schwimmbad, vom Schwimmbad zurück zum Stadtpark, dann wieder durch die Straßen.

Wir gestanden es uns nicht ein: Wir suchten. Wir hofften, irgendeine Spur zu entdecken.

Dann standen wir in der Straße, in der Ali wohnte, und konnten es nicht fassen: Im geöffneten Fenster stand Ali und kämmte sich vor einem Spiegel das Haar.

»Ist der noch nicht verhaftet?« Herbert sah mich an, ich sah Herbert an.

»Los!«, sagte ich. Wir gingen hoch und klingelten. Hinter der Tür sah jemand durch das Guckloch, dann wurde die

Tür geöffnet. Es war Ali, in Jeans, mit freiem Oberkörper. Frisch gekämmt stand er vor uns. »Was wollt ihr?« Er sah uns misstrauisch an.

»Wir suchen Andy«, sagte ich. Aber ich hatte die drei Wörter noch nicht ausgesprochen, da wusste ich schon, dass ich einen Fehler gemacht hatte.

»Was is'n mit dem?«, fragte Ali.

»Nichts«, erwiderte ich. »Wir suchen ihn und dachten, er wäre hier.«

»Andy?« Ali wurde immer misstrauischer. »Was soll'n der bei mir?«

Es fiel mir schwer, ein gleichgültiges Gesicht zu machen. »Seid ihr nicht neuerdings befreundet?«

Keine Antwort. Dafür eine Frage: »Was wollt ihr von Andy?«

»Ich krieg noch Geld von ihm, das will ich mir holen.«

Ali glaubte mir nicht, aber er spielte mit: »Da musst du ihn woanders suchen, bei mir ist er nicht.« Er schloss die Tür.

Auf der Straße war ich den Tränen nahe. Vor Wut! Wir hatten Ali gewarnt.

Herbert ging es nicht besser.

Am Abend zogen Herbert und ich von Disko zu Disko. Wir hofften nicht, Andy und Inga irgendwo anzutreffen, wir hofften nur, jemanden zu finden, der die beiden gesehen hatte.

Zuerst gingen wir ins *Singapore*. Krille saß an der Theke mit einem Typ, den wir nicht kannten. Wir setzten uns dazu. Krille sah mich ungnädig an, sie dachte, ich wollte Stunk machen.

»Kennst du die?«, fragte Krilles Typ.

»Nein«, antwortete Krille.

»Zischt ab!«, sagte Krilles Typ.

Ich bestellte zwei Cola und fragte so höflich ich konnte nach Andy und Inga. Krille hielt das für einen Trick. Ihr Typ auch. »Noch 'ne Frage?« Er stand auf.

Herbert zog mich fort. »Die kannst du vergessen«, sagte er. Er dachte, ich würde mir noch was aus Krille machen.

Im *Silver-Club* trafen wir Jungen und Mädchen aus den oberen Klassen: Keiner hatte je etwas gesehen.

Im *Smokie* saßen Hanne und Bärbel und Griebe, Hannes Freund. Hanne hatte Andy am Nachmittag zuvor gesehen. »Der war ganz komisch. Der ist an mir vorbeigerannt, als brenne es irgendwo«, sagte sie.

Wir fragten Hanne, wo sie Andy gesehen hatte. Hannes Antwort bestätigte, was wir vermutet hatten: Andy war auf dem Weg zu Inga gewesen.

»Wenn ich Andy wäre, ginge ich in eine Großstadt«, sagte ich zu Herbert, als wir uns verabschiedeten. »Nach Bremen oder Hamburg.«

»Da brauchen wir nicht zu suchen«, sagte Herbert, »da finden wir sie nie.«

Zu Hause lag eine Vorladung zur Zeugenvernehmung. Für den nächsten Morgen. Vater ermahnte mich, die Wahrheit zu sagen, nichts auszulassen.

Ich schlief lange nicht ein, ich dachte nach: über Vater, Mutter, Carola, über Inga, Andy, Herbert, über mich. Als ich endlich schlief, schlief ich traumlos und fest, die vergangene Nacht steckte mir in den Gliedern.

Gegen Morgen begann ich zu träumen: ich auf der Polizeistation, den Schein der Schreibtischlampe im Gesicht, die vernehmenden Beamten im Lichtschatten. Die Beamten warfen mir vor, Andy auf die Straße gestürzt zu haben.
War ich hinuntergestürzt oder Andy? Ich wusste es nicht mehr. »Kann ich Andy sehen?«, fragte ich.
»Kein schöner Anblick!« Einer der Beamten ging mit mir durch einen langen weißen Flur. Am Ende des Flures schaukelte eine Glühbirne an einem Draht. Unter der Glühbirne stand ein Sarg. Hinter dem Sarg standen Herr und Frau Wilke, Herr und Frau Hoff, Herberts Mutter – und Vater.
Ich drehte mich um und lief davon.
»Stehen bleiben!«, rief der Beamte. Er hatte den Revolver im Anschlag; mit beiden Händen hielt er ihn, während er mit gespreizten Beinen dastand und auf mich zielte.
»Nicht schießen!«, rief ich.
»Nicht schießen!«, rief auch Herr Wilke.
Vater sagte nichts.
Ich lief und lief und wartete auf den Schuss, auf den Einschlag im Rücken – bis ich erwachte. Schweißnass lag ich im Bett. Was träumte ich nur für ein Zeug in der letzten Zeit!
Ich blieb liegen, bis Mutter klopfte. Dann richtete ich mich auf: Alle Knochen schmerzten, ich fühlte mich wie gerädert. Erst im Bad kam ich zu mir.
Mutter sagte, dass sie mich nicht allein zur Polizeistation gehen lassen würde, sie hätte mit Vater abgesprochen, mich zu begleiten.
Es war mir recht. Oder besser: Es war mir egal.

Ich war nicht der Einzige, der vernommen wurde. Mehrere Jungen und Mädchen saßen in dem langen Flur der Polizeistation. Sie hatten alle Begleitpersonen dabei. Wir setzten uns zu Herbert, der neben seiner Mutter saß und sich nicht rührte. Dann warteten wir, bis eine der Türen geöffnet und der erste Name aufgerufen wurde. Es war mein Name.

Der Raum, den uns der Beamte zuwies, war unbesetzt. Ein Schreibtisch, drei Stühle, ein Schrank, ein Garderobenständer. Mutter und ich setzten uns. Es dauerte einige Zeit, dann kam ein freundlicher Zivilist: ein Kripomann vom Rauschgiftdezernat.

Der Kripomann machte mir keine Vorhaltungen, ihn interessierten nur Fakten. Was ich gesehen hätte? Was ich gehört hätte? Von wem wann was gehört?

Ich sagte, was ich wusste.

Es dauerte nicht lange. An der Tür drehte ich mich noch einmal herum. Was mit Andy und Inga sei, fragte ich. Ob die beiden gesucht würden.

Die Fahndung laufe, sagte der Kripomann, allerdings: »Ob und wann wir sie finden, wissen wir nicht.«

14

Für Anfang August hatte Vater ein Ferienhaus gebucht. In Holland. Carola konnte die Abreise kaum erwarten. Sie tanzte herum, sprach ständig davon, was sie alles unternehmen wollte. Ich fand keine Ruhe, meine Stimmung war nicht auf Ferienhaus eingestellt. Meist stand ich am Fenster und sah hinaus. Übertrieb Carola ihre Vorfreude, fuhr ich sie an. Carola blieb mir nichts schuldig.

Besonders schlimm war es an den Nachmittagen. Mutter beobachtete mich. Sie sagte: »Wenn du jemals Probleme haben solltest, von denen du denkst, dass du sie nicht allein bewältigen kannst, komm zu uns. Hörst du! Auch wenn wir manchmal ungerecht sind. Wir sind auch nur Menschen, wir haben Fehler, aber reden kann man mit uns.«

Ich versprach ihr das.

Dann kam der Tag, den ich wohl nie vergessen werde. Er begann wie die vorangegangenen Ferientage. Carola lag auf der Couch, las und langweilte sich. Dann versuchte sie, mich auszuhorchen. Sie hatte mitbekommen, dass Andy mit einem Mädchen verschwunden war, das beschäftigte ihre Fantasie. Mir war nicht danach zumute, die Sache nun auch noch mit Carola zu diskutieren, und so wies ich sie ab: »Kümmere dich um deine Angelegenheiten!«

Carola streckte mir die Zunge heraus und verschwand.

Nicht lange, und sie tauchte wieder auf. Sie begann mich zu necken. Ich drohte ihr Schläge an. Wir zankten und stritten uns, bis Mutter die Geduld verlor. Sie gab uns Geld und schickte uns ins Kino; sie wollte endlich einmal einen ruhigen Nachmittag verbringen.

Es war ein Regentag, das Kino war voll. Es gab einen Gangsterfilm. Die Gangster waren pfiffig, die Bullen blöd. Legten die Gangster die Bullen rein, johlte alles.

Auf dem Nachhauseweg kamen Carola und ich an Alis Haus vorbei. Es war bereits dunkel. Unwillkürlich sah ich zu Alis Fenster empor – und blieb überrascht stehen: Alis

Fenster war erleuchtet! Dabei war er nun schon seit Tagen verschwunden!

»Was ist?«, fragte Carola.

»Nichts.«

Ich versuchte mir einzureden, Alis Mutter habe das Licht angeschaltet. Vielleicht räumte sie auf. Aber da war ein Gefühl in mir, das sagte: Jeder kann in Alis Zimmer sein, die Polizei, Ali selbst, Inga oder Andy – nur nicht Alis Mutter. Ich brachte Carola nach Hause, schob sie in den Hausflur und sagte ihr, ich käme gleich nach. Dann lief ich den Weg zurück.

Das Licht brannte noch. Ich stellte mich in eine Toreinfahrt und sah zu dem Fenster hoch. Ich hoffte, einen Schatten vorüberhuschen zu sehen, ließ das Fenster nicht aus den Augen, aber: kein Schatten, keine Bewegung, nichts!

Dann ging das Licht aus. Mir war, als versänke die Umgebung in Finsternis. Doch ich wartete weiter. Entweder geschah etwas, jemand kam aus dem Haus, oder mein Gefühl hatte getrogen und es war doch Alis Mutter gewesen.

Dann hörte ich ein Geräusch. Die gegenüberliegende Haustür quietschte in den Angeln. Jemand verließ das Haus, ohne das Licht im Hausflur angeschaltet zu haben. Ich drückte mich in die Tornische.

Andy und Inga! Sie gingen an dem erleuchteten Schaufenster vom *Elektro-Niemayer* vorüber und trugen Taschen.

Sollte ich rufen, auf die beiden zulaufen? Oder flohen sie dann? Ich verhielt mich still. Ich würde ihnen folgen. Wusste ich, wo sie sich versteckt hielten, konnte ich Herrn Wilke anrufen.

Ich ließ den Abstand anwachsen. Erst als ich die beiden gerade noch erkennen konnte, folgte ich ihnen. Bald wusste ich, wohin sie wollten: zum Stadtrand. Das bedeutete: Vor der Stadt wurden sie erwartet – sie würden nicht zu Fuß in die nächste Ortschaft gehen. Wer aber konnte sie erwarten, da sie aus Alis Zimmer kamen?

Vorsichtig sah ich mich um: Bäume, Büsche, Sträucher raschelten im Abendwind. Hinter jedem Busch, jedem Baum konnte Ali stehen. Er konnte mich längst entdeckt haben. Ich blieb stehen, wagte nicht, Andy und Inga weiter zu folgen. Ich musste tun, was ich hätte gleich tun sollen: Herrn Wilke verständigen. Ich drehte mich um und ging zurück. Doch ich kam nicht weit. Ali trat aus dem Schatten eines Hauses. Die Hände in den Taschen seiner Lederjacke, stand er vor mir. Ich wollte zur anderen Straßenseite hinüber. Mit drei Schritten war Ali bei mir und hielt mich fest: »Wohin?«

»Nach Hause.«

»Schlafen gehen, was?« Ali lachte, ohne die Stimme zu heben. Dann verdrehte er mir den rechten Arm, dass ich aufschrie, und schob mich vor sich her. Ich biss die Zähne zusammen, ich wollte nicht heulen. Es half nur wenig. Es kam alles zusammen: der Schmerz im Arm, die Angst vor dem, was kommen würde, die Wut auf mich.

15

Wohin die Fahrt ging, wusste ich nicht. Ali hatte mich auf den Rücksitz verfrachtet. Andy saß neben mir, Inga auf dem Beifahrersitz. Alis Wagen war ein Zweitürer, hinausspringen und fliehen war unmöglich.

Andy fragte Ali, was er mit mir vorhätte.

»Der muss ein Stückchen mit uns fahren, sonst hetzt er die Bullen auf uns.«

»Und dann?«

»Dann setzen wir ihn raus.«

Wir fuhren in Richtung Bremen; ich erkannte es an den Hinweisschildern. Ali fuhr langsam, in Ortschaften genau fünfzig.

»Kannst du nicht schneller fahren?« Inga wurde ungeduldig.

»Halt mal noch ein bisschen aus!« Ali grinste. »In meinem Job muss man sich an die Verkehrsregeln halten.«

Wie weit wollte Ali mich mitnehmen? Und wie sollte ich dann nach Hause kommen?

Nach einer Stunde Fahrt hielt Ali. Rechts und links war Wald. Bis Bremen mussten es zwölf Kilometer sein, nach Hause noch weiter.

»Raus!«, sagte Ali ohne sich umzudrehen.

»Mitten im Wald?«, fragte ich.

»Wo denn sonst!« Ali öffnete Ingas Tür. »Steig aus! Lass ihn raus.«

Inga blieb sitzen. »Das kannst du nicht machen.«

»Nehmen wir ihn doch einfach mit nach Bremen«, meinte

Andy. »Von dort kann er ja dann mit dem Zug nach Hause fahren.«

»Quatsch!« Ali drehte sich zu uns um. »Der ruft doch von der nächsten Telefonzelle aus die Bullen an.«

Andy und Inga schwiegen.

»Also los! Lass ihn aussteigen!« Ali stieß Inga in die Seite.

Inga blieb sitzen. »Dann nehmen wir ihn eben mit«, sagte sie. »Dann kann er nichts anstellen.«

»Zu Kutte?« Andy gefiel Ingas Vorschlag nicht.

Ali fuhr hoch: »Keinen Namen, du Idiot!«

Ich saß da wie einer, über den Gericht gehalten wird.

»Nehmt mich mit«, bat ich. »Zu Hause stinkt's mir eh.«

»Lass stecken!« Ali glaubte mir kein Wort.

Ich erzählte, wie die Bullen mich fertig gemacht, wie alle mir Vorwürfe gemacht hätten. Ich log und sagte doch die Wahrheit.

»Meinetwegen!« Ali legte den Gang ein und fuhr weiter. »Ist ja euer Bier, wenn ihr hochgeht.«

Wir hielten in einer Straße am Stadtrand. Es war eine alte Straße, die Fassaden der Häuser waren grau und fleckig.

Inga stieg aus und klappte ihren Sitz nach vorn. Ich stieg ebenfalls aus.

Ali beugte sich über den Beifahrersitz und zog mich am Arm zu sich herunter: »Wenn du Mist machst, ich finde dich.« Er ließ mich los, schlug die Tür zu und gab Gas.

Andy, Inga und ich sahen Ali nach.

»Und jetzt?«, fragte ich. Ich war frei, hätte hingehen können, wohin ich wollte: zum Bahnhof, in eine Telefonzelle, zur Polizei.

Inga öffnete die Haustür und schaltete das Licht ein. Das Haus machte einen heruntergekommenen Eindruck. Wir gingen über einen schmalen, mit Müllkästen voll gestellten Hof. Dann klingelte Inga an einer Wohnungstür im Parterre des Hinterhauses. Es war kein Namensschild an der Tür.
Andy sah von mir weg. Es passte ihm nicht, dass ich mit Inga und ihm vor dieser Tür stand.
Die Taschen, die Andy und Inga getragen hatten, waren in Alis Wagen geblieben. Ali hatte Inga, bevor wir Bremen erreichten, einen Briefumschlag zugesteckt.
Hinter der Tür rührte sich nichts. Inga klingelte erneut. Ein schlurfendes Geräusch – jemand sah durch das Guckloch.
Inga winkte mit dem Umschlag: »Wir sind's!«
Die Tür wurde geöffnet. Ein zierliches, schwarzhaariges Mädchen ließ uns ein. Inga und das Mädchen küssten sich zur Begrüßung auf die Wange. Auch Andy bekam einen Kuss auf die Wange.
»Wer is'n das?« Die Schwarzhaarige meinte mich.
»Charly«, sagte Inga.
Die Schwarzhaarige gab mir die Hand: »Ich heiße Moni.« Dann sah sie Inga an: »Hat alles geklappt?«
»Hätte ich sonst das hier?« Inga wedelte mit dem Umschlag.
Moni schloss die Flurtür. Wir gingen durch den Flur und betraten einen Raum. Es war dunkel in dem Raum, auf dem Fußboden standen Kerzen. Die Kerzen flackerten im Luftzug der geöffneten Tür. Es hatte den Anschein, als tanzten die Wände im Kerzenlicht. Die Luft war stickig.
Nach und nach gewöhnten sich meine Augen an die Dunkelheit, ich konnte Einzelheiten erkennen: Luftmatratzen,

Schlafsäcke, Decken, jede Menge Plastiktüten;
Auf den Matratzen und Decken lagen Jungen und
aus einem Rekorder kam unmelodische Gitarrenmu
langer, dünner junger Mann mit einem Jesusbart e
sich. Auch er fragte, ob es geklappt hätte. Inga drückte ih
den Umschlag in die Hand. Die auf dem Boden Liegenden
gerieten in Bewegung. Sie setzten sich auf oder gesellten sich
zu uns. Es war so dunkel in dem Raum, keines der Gesichter unterschied sich sehr vom anderen.
Der Lange hieß Kutte. Er teilte ein, was er dem Umschlag entnahm: Es waren Stanniolbriefchen. »Du auch?«, fragte er mich. In meinem Hals wurde es eng. Ich schüttelte den Kopf und setzte mich zu Andy.
»Ist das Shore?«, fragte ich leise.
»Nur Berliner Tinke*.« Andy hob ein wenig den Kopf. »Ist billiger.«
»Was is'n das?«
»Irgend so ein zusammengemixtes Zeug.«
»Sind das alles Fixer?«
Andy nickte. Inzwischen hatte Kutte die Briefchen verteilt. Außer Andy und mir hatte jeder eins bekommen. Kutte entnahm einer Plastiktüte einen Löffel und ein gelbes Fläschchen mit Zitronensaft. Er schüttete den Inhalt seines Briefchens auf den Löffel, gab einige Tropfen Zitronensaft und etwas Wasser aus einer Tasse dazu und hielt den Löffel über die Flamme einer Kerze.

* fertig aufgezogene Heroinmischung

Moni, die sich neben mir niedergelassen hatte, begann mit den gleichen Vorbereitungen. Sie ließ sich von einem der Jungen den Zitronensaft und die Tasse reichen.

»Wozu braucht 'n ihr das?« Ich wies auf das gelbe Plastikfläschchen mit dem Zitronensaft.

»Die Säure löst die Tinke auf«, antwortete Moni.

Andy hob den Kopf. »Wo ist Inga?«, fragte er Moni.

»In der Küche, wie immer.«

»Hast du Shit?«, fragte Andy.

Moni fuhr in die Brusttasche ihrer Jeansjacke und zog eine flache Büchse hervor. In der Büchse waren mehrere Joints. Einen gab sie Andy, einen zweiten hielt sie mir hin. Es juckte mich zuzulangen, den erfahrenen Shit-Raucher zu spielen, aber ich schüttelte den Kopf.

»Bist du clean?«, fragte Moni.

Clean bedeutet »sauber«, nicht oder nicht mehr drogenabhängig. Ich nickte.

»Toll!« Moni sagte das ganz sachlich, ohne jede Bewunderung oder Ironie. Dann rührte auch sie sich ihr Zeug im Löffel an und hielt den Löffel über eine Kerze.

»Warum macht Inga das immer allein?«, fragte ich sie.

Moni zuckte die Achseln: »Das ist halt so: Der eine ist lieber allein, der andere lieber in Gesellschaft.« Sie lächelte. »Ich bin lieber in Gesellschaft.«

Bevor sich die Flüssigkeit im Löffel kräuselte, nahm Moni den Löffel aus der Flamme und drückte ihn mir in die Hand. Dann entnahm sie ihrer Tüte Spritze, Kanüle und Watte, steckte die Kanüle auf die Spritze und zog die Flüssigkeit, die Watte als Filter benutzend, auf. Sie gab mir die Spritze zu halten und band sich mit einem Tuch den Oberarm ab. Sie machte das sehr geschickt.

Danach setzte sie sich den Druck, schob die Nadel in die Vene an der Armbeuge. »Bei mir klappt das prima«, sagte sie, »ich hab ganz weiche Haut.« Sie zog die Kanüle aus der Vene, rutschte an mir herunter und legte den Kopf in meinen Schoß.

Ich wagte nicht, mich zu rühren. Moni lag da, so still und teilnahmslos, als warte sie auf etwas.

Ich sah zu Andy hin. Er zog noch immer an seinem Joint.

»Was ist denn jetzt mit der?«

»Gar nichts. Sie liegt ein paar Minuten so da, dann fängt sie an zu erzählen.«

»Machen das alle?«

»Inga nicht.«

»Aber Inga ist ganz allein! Wenn ihr was passiert!«

»Sie will das so.«

Ich wandte mich ab. Wie lange war Andy von zu Hause fort? Zwei Wochen. Reichte das, ihn so gleichgültig zu machen? Oder war das der Joint, der sicher nicht sein erster war? Ich dachte an Vater und Mutter, dass sie sich sorgten, wie Wilkes sich gesorgt hatten, dass auch sie mich suchen lassen würden, und dass sie sicher dachten, ich wäre aus freien Stücken verschwunden. Als Kind hatte ich davon geträumt wegzulaufen. Ich hatte mir vorgestellt, wie Vater und Mutter um mich weinten, wie sie Carola endlich einmal vergaßen. Ein bisschen von der Genugtuung, die ich damals empfunden hatte, war auch jetzt in mir.

»Streichle mich.« Monis Kopf lag im Schatten, ich konnte

ihr Gesicht nicht sehen. Ich streichelte sie, wie ich Carola gestreichelt hätte, wäre sie krank oder traurig gewesen.

»Das ist schön«, sagte Moni. Dann fragte sie, wie ich leben wollte, wenn ich erwachsen sein würde. Aber sie erwartete keine Antwort, sondern begann von der Wohnung zu erzählen, die sie sich einrichten würde. Niedrige Decken müsste die Wohnung haben, alte Bauernmöbel müssten darin stehen und viele Blumen. Im Winter müsste die Wohnung warm sein, sie sollte Ofenheizung haben, keine Zentralheizung.

Dann fragte sie nach meinen Eltern. Sie fragte wieder nur, um über ihre Eltern berichten zu können. Ihr Vater sei Pfarrer, sagte sie, ein herzensguter Mann. Sie lachte: »Auf den ersten Blick jedenfalls. Auf den zweiten ist er ein verknöcherter alter Egoist.«

Plötzlich stand sie auf: »Komm mit, ich mach dir was zu essen.«

Essen? Mitten in der Nacht? Ich verspürte keinen Hunger, aber ich ging mit.

In der Küche saß Inga. Sie war allein. Es war kalt in der Küche, und es roch nach allem Möglichen. Leere Konservendosen, leere Bierflaschen, leere Schnapsflaschen standen herum. Der Herd war schwarz verklebt von Speiseresten.

Moni beugte sich zu Inga hinunter: »Okay?«

»Okay!«

Moni zeigte auf mich: »Der hat Hunger.« Ich protestierte, ich hätte keinen Hunger. Moni zog mich an der Hand zu sich und Inga hinunter.

Wir saßen zu dritt zwischen all den leeren Flaschen und

Büchsen und starrten in die Flamme der Kerze. Ingas Pupillen waren ganz klein, wie zwei schwarze Punkte. Sie war schön, irgendeine innere Zufriedenheit verschönte sie. Sie lächelte mich an: »Was macht Andy?«
»Er schläft.«
»Ist er dein Freund?«
»Schon ewig!«
»Schön, einen Freund zu haben!« Moni und Inga lachten. Ich war verwirrt. Moni legte den Arm um meine Schultern. »Er ist lieb. Er hat mich gestreichelt.«

16

Kutte nannte die Jungen und Mädchen, die bei ihm lebten, seine »Truppe«. Die Truppe bestand aus mehreren Gruppen. In jeder Ecke saßen oder lagen drei oder vier seiner Leute beisammen und bildeten eine Art Reviergemeinschaft. Inga, Andy, Moni und ich bildeten ebenfalls eine Gruppe. Nur Kutte war allein. In der Nacht lag er in der Mitte des Zimmers, die langen Beine weit von sich gestreckt. Obwohl ich wirklich todmüde war, konnte ich nicht schlafen.

Das ungewohnt harte Lager, die Gedanken an das, was in den letzten Stunden auf mich eingestürzt war, die vielen Jungen und Mädchen in dem Raum, von denen sich immer wieder mal eine oder einer erhob, austreten ging oder eine Zigarette rauchte, ließen mich nicht zur Ruhe kommen.
Morgens war ich todmüde. Das Tageslicht, das durch die

geschlossenen Fenster drang, zeigte mir zum ersten Mal die Gesichter der anderen. Es waren fünf Jungen und vier Mädchen, außer Kutte, Inga, Andy, Moni und mir. Alle waren sie blass, trockenhäutig und vom Schlaf zerknautscht. Mürrisch kramten sie in ihren Plastiktüten. An Waschen oder Essen dachte keiner.
Moni schlief länger als die anderen.
Als sie sich erhob, studierte ich ihr Gesicht. Sie war hübsch, aber was ich am Abend nicht gesehen hatte, sah ich jetzt: Sie hatte dunkle Ringe unter den Augen, ihre Hände waren aufgeschürft.
Moni bemerkte meinen Blick. Sie hielt ihn aus, bis ich den Kopf abwandte. »Hast du jetzt Hunger?«, fragte sie dann.
Ich gab es zu.
»Hast du Geld?«
Ich kramte in meinen Taschen. »Zwei Mark fünfzig.« Es war das Wechselgeld vom Kino.
Moni nahm meine Hand und ging mit mir aus der Wohnung. Sie schien es zu mögen, andere anzufassen.
Ich fragte Moni, wie lange sie und die andern ohne Stoff auskommen würden.
»Die ersten sind heute Abend auf Turkey*«, antwortete Moni. »Ich bin noch nicht so weit, zwei – drei Tage bringe ich noch.«
»Warum hörst du nicht auf?«
»Wozu?«

---

* Ausdruck für Entzugserscheinungen

»Das ist doch kein Leben!« Eine bessere Antwort fiel mir auf dieses »Wozu?« nicht ein.
»Was ist denn ›ein Leben‹?«, fragte Moni ernst. »Ist das, was du bisher geführt hast, ›ein Leben‹?«
Ich antwortete nicht. Darauf gab es keine griffbereite Antwort.
Wir betraten eine Bäckerei, ich kaufte Brötchen. Auf der Straße biss ich eines an, und auch Moni nahm ein Brötchen und biss hinein.
Ich überlegte eine Weile, dann sagte ich, mein Leben sei wie das der meisten Jugendlichen.
Moni erwiderte: »Das Leben, das die meisten Jugendlichen führen, ist kein Leben. Die Schul-Scheiße, die Eltern-Scheiße, die brave Tochter-, brave Sohn-Scheiße! Alles trottet vorwärts, nur wohin weiß keiner. Und wer ist schuld an dem Dilemma? Niemand! Die Gesellschaft, der Stress! Immer die anderen, nie man selber.« Moni winkte ab. »Wenn das dein ›Leben‹ ist, verzichte ich.«
Ich wusste nichts darauf zu sagen.
»Was passiert in deinem ›Leben‹? Wozu lebst du?« Moni sah mit Genugtuung, dass ich noch immer keine Antwort wusste. »Solche wie mein Vater predigen seit zweitausend Jahren: Liebet euren Nächsten. Lieben sie ihren Nächsten? Der Papst wandelt in Prunk und Protz, in Indien sterben vor Hunger die Kinder. Weihnachten spenden die Leute einen Schein für ein Kinderdorf und sind aus dem Schneider. Unter dem Tannenbaum aber steht ein Stereofernseher mit Videorekorder.« Moni scharrte mit den Füßen auf dem Pflaster. »Sag bloß nicht, dass dein Vater anders ist.«

Vater war nicht anders. Das Spenden zu Weihnachten, das Mitspielen bei *Ein Platz an der Sonne,* guten Gewissens auf einen Gewinn hoffend – darüber hatte ich schon nachgedacht. »So sind sie alle«, sagte ich. »Da gibt es kaum eine Ausnahme.« Dann dachte ich an den Videorekorder, den wir uns ein Jahr zuvor angeschafft hatten, und wie sehr ich mich darüber gefreut hatte – und schwieg.

Moni ging langsam vor mir her. »Das sage ich dir: Ich möchte nie mehr Geld haben, als ich zum Leben brauche.« Hatte Monis Vater mehr Geld, als er benötigte? Als Pfarrer? Oder meinte Moni nicht ihre Eltern, litt sie darunter, dass es uns besser ging als den Leuten in Indien?

Moni nahm meine Hand. »Irgendeinen Sinn muss das Leben doch haben. Es kann doch nicht nur darum gehen, satt zu essen zu haben. Dazu kann man doch nicht geboren worden sein.« Sie hielt mir einen Vortrag. Das Leben eines der Einsteins, Sauerbruchs, Mark Twains oder Edisons, sagte sie, das hätte einen Sinn, das Leben irgendeines Willi Meier, der ein ganzes Leben lang von morgens bis abends schuftete, gutes Geld verdiente, das Geld in Essen, Trinken, Fernsehen und Urlaub in Spanien anlegte, habe keinen Sinn: »Die warten auf den Tod.«

Wenn Moni Recht hatte, war Vater auch ein Willi Meier. Dann waren fast alle solche Willi Meiers. Dann würde auch ich eines Tages ein Willi Meier sein. »Was ihr macht, ist auch nicht besser als fernsehen oder Briefmarken sammeln. Die einen betäuben sich so, die anderen anders.« Ich ließ Monis Hand los. »Du willst mir doch nicht erzählen, dass in eurem Leben ein Sinn steckt.«

Wir waren vor der Haustür angelangt und blieben stehen.
»Du hast ja keine Ahnung!«, sagte Moni. »Du weißt nicht, wie das ist, wenn man endlich mal alles vergisst.«
In mir stieg Ärger auf. So dumm konnte Moni doch nicht sein! »Vergessen! Für wie lange denn? Wenn die Wirkung vorbei ist, ist doch wieder alles, wie es war. – Und wenn du Pech hast, gehst du drauf.«
Moni schwieg. Sie tat mir Leid. Ich wusste gar nicht, weshalb ich auf einmal so aggressiv geworden war. »Hast du keine Angst?«, fragte ich sie.
»Wovor?«
»Vor dem Sterben.« Die Szene erschien mir unwirklich. Da standen zwei Fünfzehnjährige im Sonnenlicht und sprachen über das Sterben.
»Lieber tot als lebendig begraben.«
Darauf erwiderte ich nichts. Ich ging neben Moni in den Hausflur hinein, betrat mit ihr die Wohnung und setzte mich in eine Ecke.
Ich dachte an das, was ich in der Zeitung gelesen hatte: dass man in Berlin in einem Jahr fast einhundert Drogentote gezählt hatte. Und dann dachte ich an mich: Ich fühlte mich nicht lebendig begraben.

17

Den Vormittag über lagen die Jungen und Mädchen nur herum, hörten Musik und rauchten. Niemand lüftete oder räumte auf. Andy lag neben Inga und las in einem Buch, das Kutte ihm geborgt hatte: ein utopischer Roman von einem Land, in dem alle glücklich waren.

Ich hatte mir das Buch angesehen, gegrinst und »Schlaraffenland« gesagt. Andy hatte mir das Buch weggenommen und nichts erwidert.

Ich saß da, sah den anderen zu und kam mir überflüssig vor. Einmal versuchte ich zu rauchen. Doch ich gab es auf. Die Zigarette schmeckte nicht in dieser Luft.

Gegen Mittag fragte ich Kutte, ob ich das Fenster öffnen dürfe. Ich hatte das Gefühl, dass ein offenes Fenster nicht erwünscht war. Ich fragte, weil ich es kaum noch aushielt, weil mir langsam schlecht wurde.

Kutte kratzte wie wild an seinem Unterschenkel herum; an einigen Stellen hatte er sich bereits die Haut aufgeschürft. »Meinetwegen«, sagte er, »wenn die anderen nichts dagegen haben.« Dabei sah er mich an, als fragte er sich, was ich eigentlich bei ihm und seinen Leuten wollte.

Ich öffnete das Fenster. Eine Frau in Schürze und Pantoffeln schlurfte über den Hof und leerte ihren Mülleimer in einen der überquellenden Müllkästen vor der Hofmauer. Hinter der Hofmauer musste ein anderer, ähnlicher Hof sein. Die Frau sah misstrauisch zu mir hin und ging in das Vorderhaus zurück.

Ich konnte gehen, aus dem Fenster springen, durch die Tür

verschwinden – niemand würde einen Finger rühren, mich aufzuhalten ...

Das offene Fenster veranlasste einige der Jungen und Mädchen, sich zuzudecken. Es war nicht mehr so heiß wie im Juni, aber es war auch nicht kalt; ein leichter Wind wehte. Buffy, der kleinste und jüngste der Jungen, trat ans Fenster und blinzelte in die Sonne.

»Fußballwetter«, sagte ich.

Keine Antwort. Buffys Gesicht war ein richtiges Kindergesicht: Sommersprossen, Stupsnase, aufgeworfene Lippen.

»Interessierst du dich nicht für Fußball?«

Buffy schüttelte den Kopf und kratzte sich den Oberarm.

»Warum kratzt ihr euch alle?«

Buffy öffnete den Mund. »Das sind Ameisen, die sitzen unter der Haut und rasen herum.« Er grinste.

»Und Angst vor frischer Luft habt ihr auch.«

»Jetzt geht's noch. Aber nachher, wenn wir keinen Stoff mehr haben – dann kommen Frust und Frost.« Buffy grinste wieder.

»Ihr beschafft euch doch sicher neuen.«

Buffy sah mich an, als vermutete er hinter meiner Frage etwas. Dann nickte er stumm.

»Wie alt bist du?«, fragte ich.

»Dreizehn.« Er war stolz darauf, noch so jung zu sein.

»Und wie lange fixt du schon?«

»Ein Jahr.« Buffy zog ein Päckchen Zigaretten aus der Hosentasche, bot mir eine an und steckte sich selber eine zwischen die Lippen. Er tat das mit einer ungeheuren Selbstverständlichkeit.

Ich fragte nicht weiter, setzte mich aufs Fensterbrett, hielt den Kopf in die Sonne und rauchte.
Die Sonne in meinem Gesicht versetzte mich in eine friedliche Stimmung. Ich war froh, nicht zu Kutte zu gehören, nicht hier bleiben zu müssen, nach Hause gehen zu können, wann immer es mir passte. Ich dachte an den langen Zadek, an den Joint, den wir zusammen geraucht hatten, an Herberts und Andys Predigt, die sie mir danach gehalten hatten, und dass ich geglaubt hatte, derjenige von uns dreien zu sein, der zuerst mit dem Stoff anfangen würde – wenn überhaupt einer von uns damit beginnen sollte. Es war anders gekommen: Andy, der zuverlässige Andy, war in so eine Sache reingerutscht, nicht ich.
»Ist das dein Kumpel?«
Ich öffnete die Augen. Buffy deutete auf Andy. Ich nickte.
»Ich meine, ein richtiger Kumpel?«
»Ja.«
»Du willst ihn hier rausholen?«
»Ja.«
»Dann musst du dich beeilen. Fixt er erst, ist es bald zu spät.«
Buffy sah mich an, als wüsste ich nichts und er alles. Dann ging er auf seine Decke zurück und legte sich hin.
Einer der Jungen schrie: »Fenster zu!«
Ich schloss das Fenster und ging ebenfalls auf meinen Platz zurück.

18

Am Nachmittag kochte Kutte Kartoffelsuppe. Sie schmeckte nicht. Kutte, Moni und einige andere aßen trotzdem davon. Danach begannen die Jungen und Mädchen, sich frisch zu machen. Sie hielten einfach den Kopf unter die Wasserleitung.

Nach und nach verschwanden sie dann. Kutte und Buffy blieben bis zuletzt und setzten sich zu Moni, Inga, Andy und mir.

»Was habt ihr vor?«, fragte Kutte.

»Kaufhaus«, antwortete Moni.

»Meinetwegen!« Sehr zufrieden war Kutte nicht. Er wies auf Andy und mich. »Nehmt die beiden mit. Ich will nicht, dass die hier allein rumglucken.«

Wir verließen gemeinsam die Wohnung. Auf der Straße wandten sich Kutte und Buffy nach links, Inga, Moni und Andy nach rechts. Ich folgte den dreien und dachte, ich müsse irgendetwas sagen; ich fand das nicht in Ordnung, wie Kutte sich aufspielte: »Habt ihr Kutte zum Boss gewählt oder hat er sich selbst dazu gemacht?«

»Es ist seine Wohnung.« Moni trug einen viel zu weiten Parka. Sie ging neben Inga und Andy her und vermied es, mich anzusehen. Ich wollte keinen Streit, und so entgegnete ich auch nicht, was mir gerade durch den Kopf ging: Mein Vater ließ mich ebenfalls bei sich wohnen, verlangte immer, dass ich tat, was er für richtig hielt – wo war denn da der Unterschied?

Ich wandte mich an Inga: »Was bedeutet ›Kaufhaus‹?«

Moni antwortete. Sie sagte mir gleich die ganze Wahrheit:

»›Kaufhaus‹ bedeutet Klauen gehen. Die anderen suchen sich Freier, gehen auf den Strich.«

Im Fernsehen hatten sie von Jungen und Mädchen berichtet, die sich Geld für Drogen verdienten, indem sie sich Männern anboten; dennoch reagierte ich ungläubig.

»Kutte hat einen Freier, der ist ansonsten ganz normal. Der hat Frau und Kinder.« Moni wollte mir wehtun.

»Sonntags vormittags mag er ja in der Kirche beten oder in der Kneipe Skat spielen, das weiß ich nicht; was er sonntags nachmittags macht, weiß ich: Da trifft er sich mit Kutte im Hotel. Und manchmal nimmt Kutte Buffy mit.«

»Hör auf!« Inga stoppte Moni. Es war das erste Mal, dass sie an diesem Tag den Mund aufmachte. Moni grinste nur und schwieg.

Ich sah Andy an, der blass und still neben uns herging. Was ging in seinem Kopf vor? Nahm er das alles so hin?

Vor dem Kaufhaus sagte Inga zu mir: »Du brauchst nicht mitzumachen, du kannst draußen warten.«

Ich hatte einmal geklaut, in einem Supermarkt: Kaugummi. Es war eine Mutprobe gewesen. Mit dem, was Inga und Moni vorhatten, hatte das nichts zu tun. Ich überlegte keine Sekunde; ich ging nicht mit, ich wartete auf der gegenüberliegenden Straßenseite.

Ich ging vor dem Kaufhaus auf und ab und blieb stehen. Ich war sauer. Was hatte Moni nicht alles erzählt! Schul- und Eltern-Scheiße! War Klauen und auf den Strich gehen keine Scheiße? Vor der Diktatur der Eltern war sie davongelaufen, Kuttes Diktatur fand sie in Ordnung.

Die hungernden Kinder in Indien! Wie hatte mich das beein-

druckt. Ich hatte es toll gefunden, dass Moni sich darüber Gedanken machte, darunter litt. Darunter, dass Buffy auf den Strich ging, dass sie und Inga klauen gingen, darunter litt sie nicht. Und auch nicht darunter, dass sie damit an all dem Unrecht in der Welt ja auch nichts änderten.
Oder doch? Hätte Moni mir das mit Kutte und Buffy sonst um die Ohren geschlagen? Hat sie sich damit nicht auch selbst wehtun wollen?
Nicht weit von dem Kaufhaus entfernt war eine Telefonzelle. Ich ging darauf zu und wählte unsere Nummer. Um diese Zeit konnte nur Mutter zu Hause sein.
Carola kam an den Apparat. Als sie meine Stimme hörte, rief sie aufgeregt: »Wo bist du? Wo bist du?« Und dann: »Mami, Wolfi ist am Apparat!«
Wolfie hatte Carola mich schon ewig nicht mehr genannt.
Mutter nahm ihr den Hörer aus der Hand. »Wolfgang?«, fragte sie aufgeregt. Ich sagte: »Ja«, und dann, dass ich mich kurz fassen müsste, ich hätte nicht genug Geld bei mir; ich wollte ihr nur sagen, sie solle sich keine Sorgen machen: Ich wäre mit Andy zusammen und versuchte, ihn zurückzuholen.
Mutter ging nicht darauf ein. Sie wollte wissen, von wo aus ich anrief, und sagte ohne eine Antwort abzuwarten, Vater und sie hätten miteinander gesprochen, sie sähen ein, manches falsch gemacht zu haben; sobald ich zurück sei, wollten sie mit mir reden. Auch wäre ... Aus!
Ich hängte den Hörer ein und stellte mir vor, wie Mutter auf dem Flur stand, in den Telefonhörer hineinlauschte, meinen Namen rief, vielleicht weinte. Die Vorstellung schmerzte.

Kaum hatte ich die Telefonzelle verlassen, kamen Andy, Moni und Inga aus dem Kaufhaus. Sie gingen schnell. Monis Parka stand weit ab – es sah aus, als wäre sie schwanger.
Ich ging den dreien nach. Kurz bevor sie das Haus betraten, holte ich sie ein.
Andy war überrascht. »Ich hätte schwören können, du bist längst auf dem Bahnhof.« Aber er schien nicht traurig darüber zu sein, dass ich noch nicht auf dem Bahnhof war.
In der Wohnung öffnete Moni den Parka: ein Radiorekorder.
Wir waren allein in der Wohnung. Kutte, Buffy und die anderen waren noch nicht zurück. »Wenn die euch erwischt hätten!«, sagte ich.
»Haben sie aber nicht!« Moni stellte das Radio an.
Inga setzte sich in die Ofenecke, zog mehrere leere Stanniolbriefchen aus der Bluse und begann mit einer Nagelfeile in den Innenseiten herumzufeilen. Was sie abfeilte, schüttete sie auf ihren Löffel, vermischte es mit Zitronensaft und Wasser und hielt es über die Flamme eines Feuerzeugs.
Ich setzte mich zu ihr. »Wirkt das denn überhaupt?«
Ingas Pupillen waren riesengroß: eine Entzugserscheinung. Ist man »drauf«, sind die Pupillen klitzeklein.
»Trostpreis«, sagte Inga. Sie band sich den Arm ab, nahm Spritze und Watte aus der Tüte und zog die Spritze auf. Dann suchte sie eine Stelle zum Drücken und fand keine. Immer wieder setzte sie die Nadel an und wurde langsam nervös. Endlich drückte sie. Doch es klappte nicht, es kam nichts raus.

»Moni«, rief Inga.
Moni ließ das Radio sein, nahm Inga die Spritze aus der Hand, spritzte kurz und kräftig in die Luft, stach dann die Kanüle in Ingas Vene und drückte ihr den Rest. Inga bäumte sich auf, griff sich an den Kopf, fiel hintenüber und lag still da. In der Spritze war Blut.
»Was ist?«, fragte ich bestürzt.
»Nichts!«, sagte Moni. »Die Spritze war verstopft. Das kommt von der Feilerei.«
Andy setzte sich zu Inga und nahm ihre Hand. Er war völlig verstört.
Moni reinigte die Spritze. Sie zog Wasser auf und spritzte die mit Blut vermischte, rosafarbene Flüssigkeit aus dem Fenster.
»Warum hat sie so lange gesucht?«, fragte ich.
»Weil die Haut über den Venen verhärtet ist. Manche finden überhaupt keine freie Stelle mehr. Die lassen sich unter die Zunge spritzen.«
Das karge Frühstück, der fehlende Schlaf, die schlechte Luft, die Zigaretten, das eben Erlebte, dazu die Vorstellung, wie Moni Inga unter die Zunge spritzte – mir wurde übel. Ich lief zur Toilette, beugte mich über das Klobecken und erbrach.

19

Die Jungen und Mädchen kamen erst zurück, als es bereits dunkel wurde. Sie waren guter Laune und brachten Wurst, Brot, Käse und Cola mit.

Buffy kam zusammen mit Kutte. Ich wollte eine Veränderung an ihm feststellen, aber er hatte sich nicht verändert, war nur etwas vergnügter als am Morgen: Kutte und er hatten Schnaps getrunken.

Kutte begutachtete den Radiorekorder. Er lobte: »Gut ausgesucht!« Dann schickte er einen der Jungen aus, den Rekorder zu Geld zu machen. Der Junge blieb nicht lange fort. Als er zurückkam, schwenkte er einen Hunderter.

Danach legten alle zusammen, und Kutte beauftragte Moni und ein anderes Mädchen, Stoff einzukaufen. Kutte sagte zu allem Stoff, egal, ob Schnaps oder Rauschgift.

Ich setzte mich zu Andy und Inga. »Ali?«, fragte ich.

Andy sah mich an: »Warum bist du nicht abgehauen?«

Ich erzählte von jener Nacht: welche Sorgen sich seine Eltern gemacht hatten. Andy hörte zu. Bisher hatte ich keine Gelegenheit gehabt zu berichten, nun hatte ich sie.

Als ich fertig war, gab ich Andy zu verstehen, dass ich längst weg wäre, hoffte ich nicht, ihn mitnehmen zu können. Andy antwortete nichts.

»Du bleibst wegen Inga?«

»Nein.«

»Du gehst hier kaputt.«

Wir hatten leise gesprochen. Inga hatte uns trotzdem gehört.

»Charly hat Recht«, sagte sie. »Geh zurück.«

»Nein!«, schrie Andy da plötzlich und er sprang auf und schrie noch einmal: »Nein!« Und dann sagte er, dass er keine Lust habe, weiter zur Schule zu gehen, dass ihn alles anstinke: die Schule, die Eltern, die falschen Freunde.
Die falschen Freunde? Herbert und ich?
Ich kam nicht dazu, weiter darüber nachzudenken: Moni und das Mädchen kamen zurück und gaben Kutte den Stoff.
Andy sah, wie Kutte den Umschlag entgegennahm, und trat auf ihn zu: »Ein Druck gehört mir.«
»Lass lieber sein!« Kutte hielt den Umschlag in den Händen. »Dein Freund hat Recht. Geh nach Hause, noch ist es nicht zu spät.«
Andy zog die Hand nicht zurück. »Ich will meinen Druck.«
»Gib ihm nichts«, bat Inga.
Andy hielt die Hand ausgestreckt. »Ich war mit im Kaufhaus, ein Druck steht mir zu.«
»Du blöde Sau!«, schrie da Moni plötzlich los. »Sind wir dir nicht kaputt genug?«
Andy stand da wie angegossen. »Es ist mein Recht«, sagte er, »es steht mir zu.«
Ich sagte nichts, ich sah nur zu.
Kutte zuckte mit den Achseln – »Jeder ist sein eigener Chef!« – und gab Andy ein Briefchen. Andy nahm es, setzte sich zu Inga, kramte Ingas Besteck hervor, schüttete das Pulver auf den Löffel, gab Zitronensaft und Wasser hinzu, wie er es bei den anderen gesehen hatte, und hielt den Löffel mit zitternder Hand über die Flamme der kleinen Kerze.
»Andy«, sagte Inga.

Andy zog die Spritze auf und band sich den Arm ab. Alle sahen zu, auch ich. Der Gedanke, ihm den Löffel oder die Spritze wegzunehmen, kam mir nicht.

»Fang nicht erst an! Gib mir den Druck.« Inga versuchte, Andys Hand festzuhalten.

Andy schob Inga weg. Wie im Fieber nahm er die Spritze, suchte die Vene und schob die Kanüle hinein. Dann drückte er, zuckte zusammen, ließ die Spritze fallen, legte sich flach auf den Bauch und verbarg den Kopf in den Armen.

»Gleich geht die Sonne auf«, sagte Buffy.

»Der hat noch was davon.« Kutte schnitt eine Grimasse. »Unsereins fixt nur noch, um nicht auf Turkey zu kommen.«

»Du hättest ihm das Zeug nicht geben dürfen!«, schrie ich.

Kutte kniff die Augen zusammen. »Er hat es sich verdient. Bei mir bekommt jeder, was ihm zusteht.«

»Du bekommst auch noch mal, was dir zusteht!« Moni warf sich auf einen Schlafsack und weinte.

Inga streichelte Andys Kopf. Andy lag da, als läge er an einem Strand in der Sonne.

Ich war schuld, ich und meine dämliche Quatscherei!

Wie lange Andy so dalag, weiß ich nicht. Irgendwann setzte sich Moni zu mir. Sie war drauf. Sie hätte es wegen Andy getan, sagte sie. Immer, wenn einer mit dem Fixen beginne, gehe es ihr schlecht.

Moni fragte mich, wie lange ich noch bleiben wolle. Sie meinte, ich solle lieber bald verschwinden, bevor es mir ginge wie Andy. Ich erwiderte, ich würde bald gehen.

»Nimmst du Andy mit?«

Moni war wieder das Mädchen vom Abend zuvor. »Du musst ihn mitnehmen«, sagte sie. »Ein Druck ist gar nichts, der macht nicht süchtig. Bleibt er hier, bleibt es nicht bei dem einen.«

Moni sprach, als müsse sie mich überzeugen. »Geh nach Hause. Und wenn es euch noch so sehr ankotzt – bleibt da! Das ist die Hölle, ist reiner Wahnsinn. Erst brauchst du ein zehntel, dann ein viertel, dann ein ganzes Gramm. Die Dosis steigt und steigt, die Abstände werden immer kürzer. Du kommst nicht mehr runter, der Dealer verdient sich dumm und dämlich. – Weißt du, was ein Gramm reines Heroin kostet?«

Ich hatte keine Ahnung.

»In Bremen fünfhundert, in eurem Nest sicher das Doppelte.«

Deshalb verließen die Fixer die Kleinstädte! Deshalb mussten sie klauen oder auf den Strich gehen!

»Aber ihr nehmt keine reine Shore?«, sagte ich.

»Die Tinke ist fast genauso teuer.«

»Und das lasst ihr euch gefallen?«

»Mit uns kann man alles machen.«

Moni zog mich am Arm zu sich hinunter: »Geh nach Hause, nimm Andy mit! Verbote sind Wahnsinn, aber man kann sich daran festhalten. Was andere einem verbieten, muss man nicht verantworten.«

»Hör doch auf mit dem Rauschgift«, bat ich sie leise.

»Warum hörst du nicht auf?«

Ich erwartete das »Wozu« vom Vormittag.

»Hast du schon einmal einen Entzug mitgemacht?«

»Du würdest also entziehen?«

»Nein!« Moni schüttelte langsam, aber bestimmt den Kopf. »Nicht freiwillig! Der Stoff ist die Hölle, Entzug sind alle Höllen dieser Welt.«

Alle Höllen dieser Welt! Das klang wie ein Filmtitel. Und doch: Es war Moni ernst mit dem, was sie sagte.

Sie fuhr fort: »Sehr viele stehen den Entzug umsonst durch. Ich kenne einen, der hat 'ne Therapie gemacht, den haben sie als sauber entlassen – zwei Stunden später hatte er den Bauch voller Pillen, kurz darauf den ersten Schuss gesetzt. Die Quälerei kann man sich sparen.«

»Aber viele haben es doch auch geschafft.«

Moni schwieg. Dann flüsterte sie, so dass ich es kaum verstehen konnte: »Die waren nicht allein.«

Moni hatte kaum zu Ende gesprochen, da lachte Kutte. Er lachte über irgendeinen Witz. Moni sah zu ihm hinüber. »Fixer sind ein egoistisches Pack«, sagte sie. »Für den Druck tun die alles, auch den besten Freund beklauen. Jetzt sitzen sie beieinander und lachen.« Sie wies mit dem Zeigefinger in die Runde. »Du musst sie mal sehen, wenn sie nichts haben.«

Moni wurde immer lauter. Keiner sah zu ihr hin: Es war nichts Besonderes.

Andy stand auf und lief aus dem Raum.

»Er geht kotzen«, sagte Moni. »Beim ersten Mal kotzen alle.«

Andy kam zurück, legte sich zu Inga und starrte in die Luft. Ich sah zu ihm hin: Moni hatte Recht, ich musste ihn mitnehmen; ich durfte nicht ohne Andy gehen.

20

In dieser Nacht schlief ich, ich war todmüde.

Ich musste sehr fest geschlafen haben. Als ich erwachte, lief alles durcheinander. Buffys Schreie, seine helle, noch so kindliche Stimme: »Bullen!« Ich sah Kutte das Fenster aufreißen und mit der Plastiktüte in der Hand hinausspringen. Die Jungen und Mädchen folgten ihm.

Andy saß neben mir und starrte genauso unverwandt auf das, was sich abspielte. Moni schrie uns zu: »Macht doch!« Langsam kapierte ich: Vor der Tür stand die Polizei – Polizei, die nicht wusste, dass ich nicht dazugehörte. Andy zog Inga hoch, die sich nach ihrer Tüte bückte, ich lief zum Fenster.

Auf dem Hof ertönten Rufe. Vier oder fünf Polizisten hatten jeder einen Jungen oder ein Mädchen geschnappt. Buffy, der neben dem Fenster gewartet hatte, sprang kurz vor mir hinaus. Er lief auf die Hofmauer zu. Mit einem Satz stand er auf einem der Müllkästen, mit dem zweiten schwang er sich über die Mauer. Ich lief ihm nach. Ein Polizist griff nach mir. Er hatte nur einen Arm frei, mit dem anderen hielt er ein Mädchen. Ich schlug einen Haken und sprang ebenfalls auf den Müllkasten. Der Kasten schwankte und fiel um. Mit Mühe bekam ich die Mauer zu fassen und zog mich hoch. Dann drehte ich mich auf der Mauer sitzend herum und reichte Inga die Hand.

Inga hatte keine Kraft, Andy musste sie schieben.

Endlich waren wir zu dritt über die Mauer. Ich sah mich

um, hörte Rufe von der Straße her. Da durften wir nicht hin. Ich lief auf eine Tür zu – sie ließ sich öffnen. Ich winkte Andy und Inga, dann tastete ich mich vorsichtig vorwärts, trat ins Leere, stürzte einige Stufen hinunter und schlug mir das Knie auf. Heftiger als den Schmerz empfand ich jedoch den Schreck: Es war, als griffe jemand nach meinem Hals.

Wir waren in einem Keller. Andy und Inga tasteten sich zu mir hin. »Kein Licht!«, flüsterte ich. Doch da ging das Licht schon an. Es war nicht Andy, der es angeschaltet hatte, es war Buffy.

Buffy war blass. Er starrte uns an.

Ich erhob mich. Das Knie blutete, die Hose klebte.

Buffy ging den Kellergang entlang und prüfte die Schlösser an den Holzverschlägen, suchte eines, das er knacken konnte. »Die Bullen dachten, wir wären nur vier oder fünf, sonst hätten sie mehr Leute mitgebracht«, sagte er dabei.

In meinem Knie pochte es, ich spürte, wie es anschwoll. Steif ging ich hinter Buffy her. Und auch Inga und Andy folgten ihm.

Buffy fand einen Verschlag, der sich öffnen ließ. Das Schloss steckte in morschem Holz, mit wenig Kraftanstrengung ließ es sich herausziehen. Er öffnete die Tür, ließ Inga, Andy und mich durch, schaltete im Gang das Licht aus und betrat ebenfalls den Verschlag. Dann schloss er die Tür von innen und griff durch die Holzstreben, um das Schloss an seinen Platz zurückzustecken. Danach schob er einen Kasten vor die Tür.

Inga und Andy setzten sich auf einen mit Tapetenresten

gefüllten Pappkarton, ich ließ mich auf einem alten Teppich nieder.

Buffy setzte sich auf einen ausrangierten Küchenstuhl, zog eine Kerze aus seiner Plastiktüte und zündete sie an. Ich sah sein Gesicht. Es glänzte vor Schweiß. Die großen Pupillen verrieten: Er brauchte einen Druck.

Buffy nahm sein Besteck heraus und krempelte sein rechtes Hosenbein hoch. An der Wade war ein dickes Pflaster aufgeklebt. Buffy riss es ab – ein kleines braunes Fläschchen hing dran.

Inga starrte auf das Fläschchen.

Buffy stellte es neben sich. »Ich brauch 'nen Druck, bin fix und alle.«

In Ingas Kopf arbeitete es.

Sie wusste, Buffy würde ihr nichts abgeben; nicht in der jetzigen Situation. Trotzdem begann sie ihr Besteck auszupacken.

Buffy nahm das Fläschchen in die Hand. »Lass das! Es gibt nichts. Ich weiß nicht, wann ich was Neues bekomme.«

»Du hast doch deine Freier.« Inga packte weiter aus.

»Na und!«, schrie Buffy plötzlich los. Er hatte völlig vergessen, dass wir uns versteckt hielten, dass wir still sein mussten. »Denkst du, ich mach das zum Spaß? Weil ich schwul bin. Warum suchst du dir keine Freier?«

Buffy saß da, totenbleich, das Fläschchen in der Hand, den Blick abwechselnd auf Inga, Andy und mich gerichtet. Er fürchtete, das Fläschchen weggenommen zu bekommen, wenn er sich einen Druck machte.

»Mach dir deinen Druck«, sagte ich. »Wir klauen dir den Stoff nicht.«

»Versprichst du mir das?« Ich war kein Fixer, zu mir hatte Buffy Vertrauen. Dann bettelte er Inga an. »Mach keine Scheiße! Ich geb dir 'nen Joint.«

Inga schloss die Augen und lehnte den Kopf an die Wand. Andy blickte stumm vor sich hin.

Buffy bereitete seinen Fix vor. Dann band er sich den Arm ab: Dick und blau trat die Vene auf seinem weißen Kinderarm hervor. Die Nadel zitterte, so aufgeregt war er, dann traf sie. Buffys Gesicht entkrampfte sich. Es war noch keine Wirkung, es war allein das Gefühl der Sicherheit: Gleich würde es ihm besser gehen.

Buffy zog die Nadel heraus und lehnte sich zurück.

»Gib mir den Joint«, sagte Inga. Sie bat nicht, sie verlangte: Der Joint stand ihr nun zu.

Buffy wartete noch ein wenig. Dann richtete er sich auf, klebte sich sein Fläschchen an die Wade und krempelte sein anderes Hosenbein hoch. Wieder ein riesiges Pflaster, aber diesmal kein Fläschchen, sondern ein Päckchen. Er gab es Inga.

»Ich bin der Einzige, der so blöd ist«, sagte er.

Inga bastelte sich den Joint. Sie erwiderte nichts. Der Joint, das wusste sie, würde nicht lange vorhalten.

Es war kühl in dem Keller: kühl, feucht und muffig.

Inga hatte den Joint aufgeraucht. Sie fror.

Andy nahm eine Kerze in die Hand, leuchtete den Verschlag ab und fand eine alte Decke. Er schüttelte sie aus und legte sie Inga um. Inga verkroch sich in die Decke. Sie zitterte.

Ich studierte Andy. Wie hatte er den Fix überstanden? Spürte er irgendwelche Nachwirkungen? Ich fragte ihn danach. Das »Draufsein« wäre der totale Hammer gewesen, sagte Andy, ein tolles Gefühl, trotzdem wäre es sein erster und letzter Druck gewesen.

»Das sagen alle«, sagte Buffy. »Warte die nächsten Tage ab. Irgendwann erinnerst du dich, wie toll dir beim ersten Mal zumute war. Ein einziges Mal noch, sagst du dir, ein einziges Mal! Also? Noch mal! Und noch einmal! Und dann macht es dir ohne keinen Spaß mehr, dann willst du nur noch drauf sein – bis es ohne nicht mehr geht, bis die Schmerzen kommen.«

»War es bei dir so?«, fragte ich Buffy.

»Das ist bei allen so.« Buffy steckte sich eine Zigarette an. »Das erste Mal war ich gerade von meinen Alten weg, hatte Kohldampf, Durst und eine ganz miese Stimmung. Außerdem war Winter. Ein Druck, und der ganze Trouble war weg.«

»Warum bist du von zu Hause weg?«

Buffy winkte ab. »War nicht so gemütlich.«

Wo kam Buffy her? Wer waren seine Eltern? Und was ging in ihm vor wenn er mit Männern mitging? Doch Buffy wollte ganz bestimmt nicht darüber reden, und so fragte ich ihn nicht danach. Ich fragte was anderes: »Fixt Ali auch?«

Buffy lachte: »Was glaubst du denn? Der doch nicht! Der ist wie ein Fleischermeister: Der weiß, was in seiner Wurst ist.«

»Aber du kaufst die Wurst.«

»Du brauchst uns nicht darüber aufzuklären, dass Ali ein Krimineller ist. Wir wissen, dass er daran verdient, dass wir kaputtgehen«, sagte Inga.

»Und?«

»Nichts. Wir haben den Stoff nicht erfunden, haben diese blöde Welt nicht gemacht.«
Ich dachte an mein Gespräch mit Moni. »Und wenn es kein Rauschgift und keine Alis gäbe, was würdet ihr dann tun?«
»Dann gäbe es uns nicht«, erwiderte Inga. »Dann wäre die Welt anders, dann wären wir anders.«
»Dann wäre alles anders.« Buffy ließ den Arm kreisen. »Das ganze Universum.« Er lachte. Er war doch erst dreizehn.

21

Wann Inga mit dem Erzählen begonnen hatte, hatte ich nicht richtig mitbekommen. Ein Satz ergab den anderen, und auf einmal war sie mittendrin. Sie erzählte uns ihre Geschichte, erzählte ihr ganzes Leben, vor allem aber, wie sie zum Rauschgift gekommen war:

Als Inga fünf Jahre alt war, hatte ihr die Mutter ein Bilderbuch mitgebracht. Inga hatte wissen wollen, was unter den Bildern stand, und die Mutter hatte Inga zum Spaß den Text unter einem der Bilder auswendig lernen und dem Vater am Abend »vorlesen« lassen. Herr Hoff war begeistert und hatte gleich mit Inga den Text der nächsten Seite geübt. Inga hatte gelesen, als hätte sie nie etwas anderes getan. Herrn Hoff hatte das gefallen, er hatte öfter mit Inga gelernt – nicht nur lesen, auch schreiben, auch rechnen! Nicht lange, und er war überzeugt davon, dass Inga außerordentlich begabt wäre. Und die Verwandten und Bekannten, denen Inga vorlesen, vorrechnen, vorschreiben musste, sagten: »Ihr habt ein Wunderkind.«

In der Schule war Inga vom ersten Tag an die Beste. Die Lehrer nahmen sie aus der ersten Klasse heraus und steckten sie in die zweite. Und auch in der zweiten Klasse stellte Inga alles in den Schatten. Die Lehrer liebten sie und sagten ihr Großes voraus; nur ihre Mitschüler, die sprachen abfällig über das Wunderkind. Inga hörte das und hielt sich an die Lehrer.

Mit zwölf Jahren genügte es Inga nicht mehr, von den Erwachsenen geliebt und bewundert zu werden, sie wollte Freunde haben, suchte eine Freundin und fand keine. Sie hatte den anderen Mädchen zu lange die Schau gestohlen, war ihnen nicht nur leistungsmäßig überlegen, sondern auch noch hübsch gewesen. Die Jungen waren von Ingas Intelligenz nicht so sehr beeindruckt, sie sprachen mit Inga, als wären sie ihr überlegen und nicht umgekehrt. Und mit Rolf, dem Anführer der Jungen, freundete sie sich an.

Ingas Vater war entsetzt: dieser Asoziale? Lass die Finger von dem Kerl. Inga ließ die Finger nicht von Rolf. Rolf hatte etwas, was die anderen Jungen nicht hatten: Er klaute kein Ei, er klaute das Huhn, das die Eier legte. Der Vater verordnete Inga Hausarrest, Inga kletterte durchs Fenster. Der Vater schlug Inga, sie biss ihm in die Hand. Was ihr bisher wichtig gewesen war, wurde immer unwichtiger: die Schule! Aus dem Wunderkind wurde eine Durchschnittsschülerin. Die Lehrer änderten sich und Inga begriff: Die hatten also nicht sie, sondern nur ihre Leistungen gemocht! Herr Hoff sprach mit Inga, sagte ihr, sie lerne für das Leben, nicht für die Schule. Und Inga versprach brav sich zu bessern.

Um diese Zeit haschten Rolf und seine Freunde bereits. Inga saß dabei und sah zu. Rolf hätte ihr den Joint noch so oft vor den Mund halten können, sie hätte nicht daran gezogen. Sie fand Haschen genauso blöd wie die Kettenraucherei ihres Vaters!

Herr Hoff erwog, Inga in ein Internat zu stecken. Sie sei begabt, sagte er, es wäre eine Schande, machte sie nichts aus sich. Auch hänge es von ihrem Abgangszeugnis ab, welchen Beruf sie eines Tages ergreifen könne. Er hoffte immer noch, sie würde studieren, Rechtsanwältin oder Ärztin werden. Inga aber wollte längst nicht mehr studieren, sondern wünschte sich, Gärtnerin zu werden, im Sommer im Freien, im Winter im Treibhaus Blumen zu züchten. Doch das sagte sie ihrem Vater nicht; sie wusste, dass er dafür kein Verständnis aufbringen konnte.

Dann fand Inga Briefe, in denen die verschiedenen Internate ihre schöne Lage, ihre Erziehungserfolge und die verhältnismäßig niedrigen Kosten ihres Instituts anpriesen. Von diesem Tag an war sie wachsam, und als der Vater und die Mutter eines Abends sehr ernst waren, wusste sie, dass die Entscheidung gefallen war, und ging zu Rolf. Der zögerte nicht, sondern packte ein, was er benötigte, und ging mit Inga mit. Die erste Nacht verbrachten sie in einem Bahnhofswartesaal.

Einmal in dieser Nacht ging Rolf hinaus, um sich eine Tüte Hasch ins Gesicht zu stecken. Inga ging mit – und tröstete sich auch.

Rolf und Inga waren nach Bremen, nach Hamburg, nach Hannover gegangen. Und überall trafen sie Mädchen und Jungen, die wie sie von zu Hause weggelaufen waren. Alle haschten sie, einige fixten. Betäubung hatte gut getan, und Vergessen war lebensnotwendig gewesen.

Vergessen müssen hatte Inga: die Klauerei in den Supermärkten; das Gebettel und Geschnorre, mit dem Rolf und sie den Stoff finanzierten; die Nächte, in denen Rolf und sie auf irgendeiner Kellertreppe froren oder endlos lange durch die Straßen wanderten; den Dreck, der um sie war; die mangelnden Waschgelegenheiten; das Spiegelbild in einem Schaufenster; die Blicke, mit denen sie gemustert wurden. Betäuben musste sie: den Hunger, die Gewissensbisse; die Gedanken an die Mutter und das, was die Mutter gesagt hätte, hätte sie ihre Tochter auf der Straße herumlungern sehen. Nur der Gedanke an den Vater stimmte sie nicht traurig. »Recht geschieht dir, wenn ich kaputtgehe!«, dachte sie. Der Widersinn dieses Gedankens war ihr klar gewesen, dennoch hatte sie Genugtuung empfunden.

Das tägliche Geldergattern aber wurde immer mehr zum Problem: Der Stoff war teurer und teurer geworden und die Abstände, in denen Inga und Rolf den Stoff benötigten, immer geringer. Eine Zeit lang jobbte Rolf als Zeitschriftenwerber; als er nicht genügend Abonnenten warb, warf man ihn hinaus. Einer seiner Freunde sagte: »Schick Inga anschaffen.« Rolf lehnte das ab, er hatte Inga zu gern, um ihr das zuzumuten. Dann aber litten Rolf und Inga unter Entzugserscheinungen, und eines der Mädchen, das sich das Geld für den Stoff auf dem Strich verdiente, nahm Inga mit.

Inga hatte sich geekelt, sich gefürchtet, aber sie war mit einem Mann mitgegangen. Hinterher war ihr übel gewesen, sie hatte sich übergeben müssen. Doch sie hatte Geld und das bedeutete: Stoff und etwas zu essen für Rolf und sie. Sie sagte sich, dass Rolf nur ihretwegen von zu Hause fortgegangen war und dass es ihre Pflicht sei, ihn nicht im Stich zu lassen. In der Nacht aber träumte sie von Männern, die wie Tiere über sie herfielen.

Anfangs schimpfte Rolf, er wollte nicht, dass seine Freundin auf die Weise Geld verdiente. Einen anderen Weg, genügend Geld zu verdienen, konnte er ihr aber auch nicht zeigen. Bald schimpfte er immer seltener, und schließlich ließ er es.

Ingas Leben wurde zum Kreislauf: Um vergessen zu können, brauchte sie Stoff, um Stoff zu bekommen, musste sie tun, was sie vergessen wollte.

Einmal schrieb Inga ihrer Mutter. Doch dann saß sie über dem fertigen Brief, sah die Gesichter ihrer Eltern, zerriss den Brief und warf ihn weg.

Dann kam die Zeit, in der Rolf tat, als stünde ihm zu, dass Inga sich für ihn opferte. Wenn sie »down« war, hielt er ihr vor, ihretwegen in den Schlamassel hineingeraten zu sein. Inga wusste, dass das nicht stimmte, aber sie widersprach nicht. Bis eines Tages einer der Freier etwas von ihr verlangte, was sie nicht über sich brachte. Sie lief zu Rolf und heulte. Rolf aber interessierten Ingas Erlebnisse nicht, sie war ohne Shore gekommen, das war das Einzige, was er bemerkte. Er schlug Inga, trat sie, beschimpfte sie. Da lief sie fort, suchte sich einen Freier und noch einen. Für das Geld kaufte sie sich Stoff, genug für den »Goldenen Schuss«. Sie lief auf eine Bahnhofstoilette und drückte sich die Überdosis. Doch sie hatte Pech – oder Glück, die Shore war nicht rein. Sie wurde gefunden und in eine Entziehungsklinik gebracht.

Der Entzug war eine einzige Qual: Krämpfe, Gliederzucken, Schweißausbrüche, Angstzustände. Inga war es, als stinke ihr Körper; sie hielt sich für halb verwest. Nachts fantasierte sie und weinte stundenlang. Die Schwestern hatten für alles dasselbe Gegenmittel: Beruhigungstabletten. Später sollte Inga basteln, aber sie verstand den Sinn der Handarbeiten nicht. Dann kamen Ärzte und sprachen mit ihr, suchten die »Motivation«. Inga antwortete kaum.

Zehn Wochen musste Inga in der Klinik bleiben. Erst als die Ärzte davon sprachen, sie in ein Heim einweisen zu lassen, nannte sie Namen und Adresse der Eltern.

Die Eltern holten Inga ab. Das Thema »Internat« sprachen sie nicht wieder an. Viele Themen waren nun erledigt gewesen. Die Eltern hatten nur noch eine Sorge: Inga durfte nicht wieder mit Drogen in Berührung kommen. Sie gingen zu einer Beratungsstelle für Drogenabhängige und folgten dem Rat, den man ihnen dort gab: raus aus der alten Schule, neue Umgebung, neue Freunde – Umzug nach B.!

Inga schwieg. Wir warteten. Jetzt musste Inga von Andy erzählen, von Ali, von ihrem Verschwinden.

Aber Inga erzählte nicht weiter. Sie starrte in die Kerze und schwieg.

22

Buffy machte als Erster wieder den Mund auf. »Fixer sein ist das Letzte«, sagte er. »Du kommst nicht davon los. Auch wenn du zwei Jahre sauber bist, irgendwann holt es dich ein.«

Der Eindruck, den Ingas Geschichte auf mich gemacht hatte, verflog. »Ihr redet ständig davon, wie schlimm es ist, aber aufhören wollt ihr nicht«, sagte ich und wies auf Andy: »Im Gegenteil, ihr zieht andere mit hinein!«

»Irgendwer zieht immer den anderen mit hinein«, erwiderte Inga, »auch wenn er es nicht will. Und was das Aufhören betrifft, hat Buffy recht: Mit dem Fixen hört man nicht auf, Fixen ist eine Einbahnstraße, umdrehen, zurückgehen – von einem bestimmten Punkt an geht das nicht mehr. Dann geht es nur noch geradeaus, immer schneller und wahnsinniger.«

Wir schwiegen erneut, dann fragte ich: »Was machen wir jetzt?« Es war inzwischen sieben Uhr morgens, die Polizei musste längst abgezogen sein.

Buffy nahm seine Tüte und stand auf: »Ich such mir 'ne Bleibe.« Ich erhob mich ebenfalls. Buffy schüttelte den Kopf: »Ich geh allein. Allein ist es leichter.«

Ich setzte mich wieder.

Buffy stand einen Moment unschlüssig herum, dann sagte er: »Tschüss!« und ging.

Ingas Vergleich mit der Einbahnstraße!

»Gehen wir auch?« Ich musste raus aus diesem Keller, musste an die Luft, ans Tageslicht, musste sehen, dass es noch was anderes gab: Bäume, Sträucher, Sonne.

Inga ließ die Decke von den Schultern gleiten. »Gehen wir!«
Wir gingen auf den Hof und sahen zu der Hofmauer hin, die wir in der Nacht überstiegen hatten. Bei Tageslicht sah sie höher aus.

»Ruf deine Eltern an«, sagte Andy.

»Ohne dich gehe ich nicht.« Es fiel mir plötzlich leicht, das so deutlich zu sagen.

Inga zog die Schultern hoch und ging durch den Flur auf die Straße. Andy und ich gingen neben ihr her. Männer und Frauen auf dem Weg zur Arbeit musterten unsere übernächtigten Gesichter. Wir gingen langsam, wir hatten kein Ziel. Irgendwann ließen wir uns auf einer morgenfeuchten Parkbank nieder. Bis dahin hatten wir geschwiegen, nun sagte Inga: »Mir geht es wie Buffy: Allein komme ich besser durch.«

Andy starrte auf seine Hände.

»Komm doch mit!«, bat ich Inga. »So … so gehst du doch kaputt.«

»So und so kaputt!« Inga verschränkte die Arme über der Brust und presste die Lippen aufeinander. »Kein zweiter Entzug!«

»Aber du bist nicht mehr allein! Andy und ich, wir helfen dir«, sagte ich. Und dann: »Wenn du den ersten Entzug überstanden hast, überstehst du auch den zweiten.«

Es kam keine Antwort.

»Warum sagst du nichts?«, fuhr ich Andy an.

»Was du da sagst, habe ich ihr auch schon hundertmal gesagt«, erwiderte Andy.

Da sagte ich nichts mehr.

Den ganzen Vormittag saßen wir auf der Bank. Mehrmals fasste ich den Entschluss, aufzustehen und fortzugehen. Ich hatte alles versucht, mehr war nicht drin. Doch jedes Mal zögerte ich.

Gegen Mittag sagte Inga: »Ich brauch einen Druck.« Sie sagte es wie beiläufig und doch so, dass Andy und ich sofort begriffen: Sie verspürte erste Anzeichen eines Entzugs.

»Kaufhaus?«, fragte Andy.

»Kaufhaus!«, schrie ich. »Immer wieder Kaufhaus! Heute Kaufhaus, morgen Kaufhaus! In alle Ewigkeit: Kaufhaus!« Ich hatte die Schnauze voll, ich konnte nicht mehr. Und ich wollte nicht mehr.

»Hau doch ab!«, schrie Inga zurück. »Haut doch beide ab! Habe ich euch gebeten, mir auf der Pelle zu hocken?«

Andy stand auf. »Komm«, sagte er zu Inga. Da kapierte ich: Es gab nur zwei Möglichkeiten – wenn nicht »Kaufhaus«, dann »Strich«. Ich stand ebenfalls auf.

Wir gingen durch die Innenstadt. Mir war, als sähe jeder, was mit uns los war. Dann stand ich wieder vor einem Kaufhaus, Inga und Andy waren drinnen. Ich stand da und fragte mich, was ich hier noch zu suchen hatte.

Als Inga und Andy das Kaufhaus verließen, sah ich schon von weitem: Es hatte nicht geklappt.

Wir zogen zum nächsten Kaufhaus. Wieder wartete ich.

Vor jedem Kaufhaus wartete ich. Bis die Kaufhäuser schlossen, bis Andy und Inga vor mir standen, ohne etwas gestohlen zu haben.

Inga fror und schwitzte.

Ihre Pupillen waren schwarze Spiegel, ihre Wangen rot. Sie krümmte sich vor Schmerzen. Sie schimpfte Andy einen Versager, wünschte sich Moni her; ihre Stimme bebte vor unterdrückter Aggressivität. Sie dachte nur an eines: Ohne uns hätte sie längst einen Druck, ginge es ihr längst wieder besser.

Wir gingen in den Park zurück, auf unsere Bank. Inga schloss die Augen, Andy war grau im Gesicht. Er schlug vor, zu Ali zu gehen. Aber Inga lachte nur: »Du meinst, bei dem haben wir Kredit?«

Der Gedanke, Inga könnte sich das Geld für den Druck auf dem Strich verdienen, war auch mir unerträglich: »Ali ist unsere einzige Chance.«

Plötzlich hatte Inga es eilig. Sie sprang auf und lief vor uns her. Wir gingen zu Ali. Unterwegs bekam Inga Nasenbluten. Sie wischte sich mit beiden Händen über die Nase, bis Mund, Kinn und Hände blutverschmiert waren. Sie wusste nicht mehr, was sie tat.

Die Leute drehten sich nach uns um. Inga verfiel in einen taumelnden Laufschritt, drängte Passanten, die ihr im Weg waren, beiseite.

Minutenlang hoffte ich, die Leute würden etwas unternehmen; sie sahen doch, dass mit uns etwas nicht stimmte. Doch die Leute unternahmen nichts.

Andy und ich zogen Inga in einen Hausflur und reinigten ihr Gesicht mit unseren Taschentüchern. Inga wehrte sich, war völlig von Sinnen.

In dem Haus, in dem Ali wohnte, stürzte Inga. Sie lag auf der Treppe, lallte unverständliches Zeug, zog sich schließlich am Treppengeländer hoch und hastete weiter vorwärts. Dann fiel sie erneut und schlug mit dem Kopf gegen die metallbeschlagene Kante einer Stufe. Sie blutete nun auch an der Stirn. Andy und ich rissen sie hoch und schleppten sie weiter.

Ali hatte uns kommen hören. Er stand auf dem Treppenabsatz und sah uns entgegen. Seine Miene verriet: Am liebsten hätte er uns die Treppe hinuntergestoßen. Er half uns, weil er Aufsehen vermeiden wollte.

Wir schoben Inga durch den dunklen Flur in das Wohnzimmer und legten sie in einen Sessel. Inga wandte kein Auge von Ali. So viel Hoffnung, so viel Elend hatte ich noch nie gesehen! Ihr Gesicht war das Gesicht einer Frau, von der man nicht wusste: War sie alt oder jung, war sie hübsch oder hässlich.

»Einen Schuss!«, bat, flehte, weinte sie.

»Hast du Geld?«

Inga schüttelte hilflos den Kopf.

Ali schüttelte auch den Kopf.

Da wollte Inga hoch, da schlug sie um sich, da blutete die Nase erneut; dick und dunkel lief ihr das Blut über den Mund. Sie rutschte aus dem Sessel, kam auf den Fußboden zu liegen und schlug mit dem Kopf auf die Holzdielen. Immer wieder hob sie den Kopf und ließ ihn fallen, als wollte sie sich oder das, was in ihrem Kopf war, zerstören. Andy und ich hoben Inga auf und legten sie zurück in den Sessel. Sie presste die Hände vor den Bauch, krümmte sich und wimmerte.

Alis Wohnung erinnerte an Kuttes Höhle: zwei alte Sessel,

in dem einen Inga, der andere leer, sonst keine Möbel; nur drei Schlafsäcke, Aschenbecher und leere Flaschen. Auf einem der Schlafsäcke lag eine Frau. Ihr blondes Haar war dünn und unfrisiert. Sie rauchte und sah stumm zu uns herüber.

Andy ging auf Ali zu. »Gib ihr einen Druck! Sie hält es nicht mehr aus.«

Ali ließ sich in den freien Sessel fallen. »Kredit ist nicht!«

»Sie ist am Ende.«

Ali streckte die Beine von sich. »Ich kriege die Ware auch nicht geschenkt.«

Wie ein Bittsteller stand Andy vor Ali: »In B. hast du ihr Kredit gegeben.«

»Andere Zeiten, andere Sitten!« Ali stand auf und sah auf Inga nieder. »Der Stoff ist knapp. Bares Geld verlangt man von mir, bares Geld verlange ich von meinen Kunden.« Er wandte sich von Inga ab und ging an das Fenster. »Kommt wieder, wenn ihr Mäuse habt.«

Es war still in dem Raum. Keiner sagte etwas. In B. war es Ali darum gegangen, Inga an die Nadel zu bringen, jetzt hing sie dran – Kredit war nicht mehr nötig.

Inga wimmerte wieder.

Ali fuhr herum. »Haut ab!«, schrie er. »Es ist eure Schuld, wenn das Huhn so weit herunter ist. Stellt euch nicht so dämlich an, ein Mädchen kann überall Geld verdienen.«

Ali, der große Ali, fürchtete sich: vor den Nachbarn, vor der Polizei, vor uns.

»Gib ihr den Druck, und du bist uns los«, sagte ich.

»Kleine Erpressung, was?« Ali packte mein Hemd und zog

mich dicht an sich heran. Die blonde Frau verließ den Schlafsack und kniete neben Inga nieder. Sie nahm Ingas Hände und sagte: »Gib ihr den Druck. Sie hat eiskalte Finger.«

Ali ließ mich los und zog die Frau von Inga weg. »Misch dich nicht ein!«, schrie er sie an. »Kein Gramm, keinen Meter* kriegt die umsonst!« Da setzte es aus bei mir. Ich sprang Ali an. Ali schlug zu. Es ging so schnell, dass ich den Schlag nicht kommen sah. Voll erwischt fiel ich um. Doch ich stand wieder auf: Die Gefahr war keine Gefahr mehr. Ich schlug und trat nach Ali. Dabei schrie ich. All die Wut der letzten Tage schrie ich heraus.

Andy brüllte: »Hör auf!« Ich wusste nicht, meinte er Ali oder mich.

Dann war ich nicht mehr allein, Andy half mir. Ein ungleicher Kampf: Andy und ich unausgeschlafen, hungrig bis zur Übelkeit; Ali satt, kräftig, ausgeruht. Plötzlich lag Andy auf der Erde und stand nicht wieder auf. Ich ließ von Ali ab und beugte mich über Andy. Andy rührte sich nicht.

Die blonde Frau erschrak und lief aus der Wohnung.

»Komm zurück!«, schrie Ali, wollte ihr nach. Dann aber griff er sich einen Aktenkoffer und stopfte hinein, was hineinging. Schon an der Tür, warf er mir ein Briefchen zu: »Gib ihr den Schuss, und dann haut ab.«

Ich fing das Briefchen nicht, suchte es und wischte mir Feuchtes aus dem Gesicht. Blut? Oder Tränen? Ich weinte: vor Erschöpfung, vor Wut – vor Hilflosigkeit.

---

* Meter – Szenebegriff für Milliliter

Andy rührte sich noch immer nicht.

Ich wühlte in Ingas Tüte, nahm den Löffel, das Feuerzeug, die Watte. Dann ging ich in die Küche, holte Wasser. Ich machte alles so, wie ich es bei den anderen gesehen hatte, und stach zu. Inga schrie auf. Ich zitterte, Schweiß tropfte mir von der Stirn, Ingas Schrei hatte mich erschreckt. Ich drückte die Spritze leer, zog die Kanüle aus Ingas Arm und ließ die Spritze fallen. Dann kniete ich neben Andy nieder, rief seinen Namen. Andy bewegte sich, zeigte aber keine Reaktion des Erkennens. Ich stand auf. »Ich hole einen Arzt«, sagte ich laut zu Inga. »Bitte, bleib bei Andy!«

Inga nickte schwach. Sie war noch nicht drauf. Ich wusste, wenn sie es schaffte, würde sie nicht bleiben. Ich ging trotzdem. Ich musste gehen.

Gegenüber dem Haus war eine Kneipe. Der Wirt hinter der Theke sah mich misstrauisch an. Auch die Gäste sahen zu mir hin. »Überfall!«, log ich. »Ich muss die Polizei anrufen.«

Der Wirt stellte das Telefon auf den Tresen, wählte die Nummer und hielt mir den Hörer hin. Ich wollte alles auf einmal sagen, der Polizist am Ende der Leitung verstand kein Wort. Der Wirt nahm mir den Hörer aus der Hand, nannte Straße und Name seiner Kneipe und sagte, ich würde den Eindruck erwecken, einen Arzt zu benötigen. Dann legte er auf.

23

Ich saß auf der Treppe. Aus mir war die Luft raus. Zwei weiß bekittelte Männer trugen eine Trage an mir vorüber. Auf der Trage lag Andy.

Ich zog mich am Treppengeländer hoch. Der eine der beiden Männer kam zurück und stützte mich. Ich fragte nach Inga. Der Mann sagte, ein Mädchen hätten sie in der Wohnung nicht angetroffen.

Sie fuhren Andy und mich in ein Krankenhaus. In meinem Gesicht brannte es; sie hatten mir mit irgendeiner Flüssigkeit das Gesicht ausgepinselt. Andy hatte die Augen geöffnet. Einmal sah er mich an. Ich weiß nicht, ob er mich erkannte. Das Polizeiauto fuhr einige Zeit vor uns her, dann bog es ab. Auf dem Hof des Krankenhauses wurden wir ausgeladen. Die Männer trugen Andy in den zweiten Stock. Ich ging hinterher. Das Gehen fiel mir schwer, ich hatte keine Kraft in den Beinen.

Andy wurde in einen Raum verfrachtet, in den ich nicht hineindurfte. Man führte mich in einen anderen. Dort musste ich warten, bis ein Arzt kam und sich mein Gesicht besah. Eine Krankenschwester assistierte ihm. »Mein Gott, sieht der aus!«, sagte sie.

Der Arzt und die Schwester verbanden und bepflasterten mich. Ernste Verletzungen hätte ich nicht, sagte der Arzt, ich hätte Schwein gehabt.

Ich fragte nach Andy.

»Gehirnerschütterung«, sagte die Schwester. Andy sei mit dem Hinterkopf aufgeschlagen. Wie schwer die Gehirn-

erschütterung sei, werde die Röntgenaufnahme ergeben. Davon hänge es ab, wie lange sie Andy dabehalten müssten.
Dann saß ich in einem Zimmer mit Blumen und Bildern und wartete auf meine Vernehmung. Von meinem Kopf war nicht mehr viel zu sehen, auch mein Knie steckte in einem Verband. Alles war heiß und angeschwollen und der Mund wie ausgedörrt, obwohl mir die Schwester Tee zu trinken gegeben hatte. Es war still in dem Raum, still und sauber und freundlich. Es kroch wohlig in mir hoch: Ich hatte es überstanden.
Dann dachte ich an Inga. Sie hätte nicht fortlaufen dürfen, nicht vor ihrer einzigen Chance.
Die Tür wurde geöffnet, zwei Männer kamen herein. Es waren Beamte vom Rauschgiftdezernat. Sie sahen aus wie Kommissare aus dem Fernsehen, ein alter und ein junger. Der junge trug einen Kordanzug und nannte sich Hiller. Der im grauen Anzug hieß Lohmeier.
Die beiden Beamten setzten sich zu mir, begutachteten Verband und Pflaster und machten auf lustig. Meist führte Hiller das Wort, Lohmeier rauchte und hörte zu. Nur manchmal fragte er dazwischen, dann nickte Hiller, als hätte er diese Frage vergessen.
Ich war bereit, alles zu sagen; ich schonte niemanden, nicht Inga, nicht Andy, nicht mich – Ali schon gar nicht.
Hiller notierte und notierte.
Dann war Hiller mit seinen Fragen am Ende. Nun fragte ich. Ob er wüsste, wo Inga abgeblieben sei. Ob sie sie suchen würden. Ob es eine Chance gäbe, Ali zu fassen. Ob ich meine Eltern anrufen dürfe.

Lohmeier beantwortete meine Fragen. Von Inga habe man keine Spur, sagte er. Man würde sie natürlich suchen; ob man sie aber finden würde – er zuckte die Achseln. »Was den Schmidt betrifft«, sagte er dann, »den kriegen wir schon. Irgendwann muss er raus aus seinem Versteck, frisches Geld machen.«

»Und wenn er in eine andere Stadt geht?« Der Gedanke an einen frei herumlaufenden Ali behagte mir nicht.

»Das ist nicht wahrscheinlich«, meinte Hiller. »Ein Kleindealer lebt von seinen Kontakten. Wo er niemanden kennt, hat er es schwer.«

»Was deine Eltern betrifft«, Lohmeier stand auf, »die sind bereits unterrichtet; dein Vater ist unterwegs, um dich abzuholen.«

Auch Hiller erhob sich. »Wir gehen jetzt zum Andreas. Willst du mit?«

Ich wollte.

Andys Gehirnerschütterung sei relativ harmlos, sagte Hiller auf dem Flur, Andy und ich, wir seien beide noch einmal glimpflich davongekommen. Dann öffnete eine der Schwestern die Tür zu einem Krankenzimmer und sagte, der Arzt hätte Andys Vernehmung gestattet, bitte aber darum, es nicht zu übertreiben. Außerdem müsse sie dabeibleiben.

Lohmeier nickte und Hiller grinste: »Ohne Sie macht es doch gar keinen Spaß!«

Andys magerer Körper zeichnete sich nur schwach unter der Bettdecke ab. Neben seinem Bett stand ein Nachttisch, auf dem lag, was Andy sonst in den Taschen trug: Portmonee, Kamm, Taschenmesser. Das Nachbarbett war leer.

Ich setzte mich zu Andy auf das Bett und sagte leise: »Hallo!«
Andy sah mich nur an.
»Darf ich mit ihm reden?«, fragte ich. Lohmeier setzte sich auf das Nachbarbett und nickte. Hiller lehnte sich an den Fenstersims. Es war bereits dunkel draußen.
Ich erzählte Andy, was passiert war und dass ich die Polizei angerufen und Inga nicht auf mich gewartet hatte.
Andy drehte den Kopf weg. Nach einiger Zeit fragte er: »Holen dich deine Eltern?«
»Ja.«
»Geh zu meinen Eltern. Sag ihnen ... sag ihnen, sie sollen kommen.«
Ich versprach es. Dann sagte ich: »Wir suchen Inga.«
Andys Augen füllten sich mit Tränen: »Das hat keinen Zweck.«
Ich sah zum Fenster, wollte es Andy leichter machen. Da sagte Andy: »Du bist okay, Charly. Du bist wirklich okay!«

24

Ich saß auf dem Polizeirevier, wartete auf Vater und trank Orangensaft. Ich hätte immerzu trinken können an diesem Tag. Der Beamte, der an seinem Transistorradio drehte, um Sportnachrichten zu hören, hatte mir den Saft gegeben.

Ich dachte an Andys Vernehmung. Lohmeier und Hiller hatten mich nicht hinausgeschickt, ich hatte alles mitbekommen. Wie Andy ausgepackt hatte! Er wusste mehr als ich.

Vaters Schritte! Ich hörte, wie er den Gang entlangkam und vor der Tür stehen blieb. Ich holte Luft.

Vater trug seine alten Jeans. Er hatte es eilig gehabt, sich nicht umgezogen.

Ich stand auf, er zog mich an sich und schüttelte mich: »Du machst Sachen!«

Auf der Straße legte er mir den Arm um die Schultern.

Dann saßen wir im Wagen, fuhren in Richtung B. Ich dachte an die Nacht, in der ich mit Ali, Andy und Inga diese Straße entlanggefahren war – in die andere Richtung. Wie lange war das her? Nur zwei Tage?

Vater berichtete von Andys Eltern. Auf der Herfahrt hatte er sie getroffen, sie waren auch nach Bremen gefahren, besorgt und glücklich. Er legte mir die Hand auf die Schulter und lächelte. Dann schwiegen wir, bis wir den Stadtrand von B. erreichten.

Carola stand im erleuchteten Fenster und wartete. Als sie uns kommen sah, stürzte sie uns entgegen und fiel mir auf der Treppe um den Hals.

Dann Mutter. Zunächst brachte sie kein Wort heraus. Erst als sie meinen Kopf in ihren Händen hielt, weinte und schimpfte sie und küsste sie mich – alles zur gleichen Zeit.
»Wie konntest du das nur tun?«, fragte sie immer wieder.
Später saßen wir um den runden Couchtisch herum. Ich musste erzählen. Während des Erzählens bemerkte ich, dass Vater und Mutter stolz auf mich waren: Ich hatte Andy »gerettet«. Aber diesen Stolz hatte ich gar nicht verdient. Wenn ich Kuttes Verein rechtzeitig hätte auffliegen lassen, dann wäre Inga nicht entkommen, dann wären Buffy und Moni nicht entkommen, dann hätte man ihnen helfen und Ali überraschen und festnehmen können; dann hätte ich nicht nur Andy geholfen.
Ich erzählte von Moni, von ihrer Ansicht, das Leben habe keinen Sinn, die Menschen wären verlogen und dächten nur an sich. Ich sagte, dass ich ihr teilweise Recht gäbe, dass ich mir auch nicht vorstellen könne, dass der Sinn des Lebens aus Arbeit, Fernsehen und Ferien bestehen solle. Monis Gedanken über die Kinder in Indien und die Leute, die meinten, wenn sie einmal im Jahr 'nen Schein spendeten, aus dem Schneider zu sein, hätten mir echt imponiert. Drogen wären keine Lösung, sagte ich, so schlau wäre ich schon. Das änderte aber nichts daran, dass ich Verständnis dafür hätte, dass solche wie Moni oder Inga von zu Hause fortgegangen wären.
»Mein lieber Mann!« Vater musterte mich. »Die Frage nach dem Sinn des Lebens! Die stellen sich alle. Eine Antwort darauf gibt es nicht, es gibt Milliarden Antworten. Es ist eine Frage des Anspruchs.«

Ich hakte nach: »Was für einen Anspruch hast du schon an das Leben!«
Wieder dieser musternde Blick. »Dafür gibt es keine Formel.«
Mutter schaltete sich ein: »Als ich Kind war, war der Krieg gerade zu Ende gegangen. Da wollten die Leute nur eines: Frieden. Trocken Brot, sagten sie, aber Frieden! Da waren sie froh, am Leben geblieben zu sein, da bestand der Sinn des Lebens im Leben.«
»Und heute?«
»Heute haben wir die Konsumwelle«, sagte Vater, »da besteht der ›Sinn des Lebens‹ im Anschaffen; im Haben, nicht im Sein.« Er sagte das ironisch, so, als verachte er die Menschen. »Konsum um jeden Preis, sonst geht die Wirtschaft kaputt, gehen Arbeitsplätze verloren! Darum rackert alles, kauft alles, hängt alles vor dem Fernseher herum, ausgelaugt und kaputt!«
»Wenn dir so ein Leben keinen Spaß macht, warum änderst du es nicht?« Das war hart, das hieß: Was du den anderen vorwirfst, machst du selber.
Carola riss die Augen auf, Mutter sah zur Seite.
Vater rückte in seinem Sessel vor: »Weil ich ein Mensch bin, weil ich nicht besser bin als andere. Mir macht meine Arbeit Spaß, ich arbeite nicht für ein dickes Auto, ich arbeite, weil ich für etwas gut sein will. Der Sinn meines Lebens seid ihr« – er zeigte auf Mutter, Carola und mich – »und meine Arbeit. Diesen Sinn habe ich mir ausgesucht. Ich bin kein Genie, ich werde keine Spuren in der Weltgeschichte hinterlassen, aber was ich mache, macht mir Spaß.«

Vater war in Fahrt gekommen: »Ihr dürft nicht darauf warten, dass andere euch zeigen, worin der Sinn eures Lebens besteht. Es gibt kein Patentrezept, es muss aus euch selber kommen. Ob du Häuser baust oder Brötchen bäckst – egal! Wenn es dir nur Spaß macht, wenn du nur das Gefühl hast, etwas zu geben!«

Mutter nahm meine Hand: »Wer weiß, was aus Andy geworden wäre, hätte er dich nicht gehabt?! Ein guter Freund zu sein, darin steckt auch ein Sinn.«

Vater nickte und schwieg. Dann sagte er: »Ich wollte auch dein Freund sein. Es ist mir nicht gelungen. Ich habe mir das Zusammenleben mit dir zu leicht gemacht, habe immer nur erwartet, nichts gegeben.«

Mutter wollte Einwände erheben, Vater hob die Hände: »Doch! Wolfgang ist mir aus dem Weg gegangen. Anstatt zu fragen warum, war ich beleidigt, habe ich ihn gehen lassen.«

»Ich habe gedacht, du magst mich nicht«, sagte ich.

»Wie bitte?« Vater stand auf, starrte mich an. »Ich dich nicht mögen? Du bist mein Sohn!«

Ich schwieg.

Vater setzte sich, trank von seinem Bier und steckte sich eine Zigarette an. »Als du klein warst, konnte ich mich nicht um dich kümmern, ich war überlastet. Deshalb war ich öfter barsch. Später warst du dann der Große, da habe ich zu viel vorausgesetzt.«

»Ich war immer neidisch auf Carola«, sagte ich. Es fiel mir auf einmal so leicht, die Wahrheit zu sagen; um keinen Preis der Welt hätte ich etwas anderes gesagt.

Carola wurde rot, die Eltern sahen sich an. »Blödmann«, knurrte Vater.

Mutter nahm mich in den Arm. Es war irgendwie ein berührender Moment.

Ich ging als Erster ins Bad. Als ich herauskam, fing Vater mich ab. »Ich möchte, dass du uns immer alles sagst, so, wie du es heute getan hast. Tust du das?«

Ich nickte. Er gab mir einen Klaps auf die Schulter und ging. Ich ging in mein Zimmer, legte mich ins Bett, löschte das Licht und dachte nach. Ich hätte müde sein müssen, aber ich war es nicht. Ich starrte in die Dunkelheit hinein.

Reichte das aus, Spaß an seiner Arbeit zu haben? Wichtig war es sicher. Aber was Mutter gesagt hatte, gefiel mir besser: Ein guter Freund zu sein, darin steckt auch ein Sinn.

Wenn Moni und Buffy – und erst recht Inga! – nicht so allein gewesen wären, vielleicht wäre es nie so weit gekommen. Und wenn alle einander mehr helfen würden, gäbe es diese Ungerechtigkeiten, die sie so verletzen, erst gar nicht. Aber wird das jemals der Fall sein? Wahrscheinlich nicht.

25

Als ich erwachte, schien die Sonne in mein Zimmer. Ich sah mich um: Bücherregal, Poster, Wimpel – alles an seinem Platz, nichts hatte sich verändert.

Wann war das gewesen, als uns die Polizei aus dem Schlaf holte? Als wir im Keller hockten? Als Andy und ich auf Ali einschlugen? Als ich im Krankenhaus auf Andys Bett saß?

Carola kam und kroch zu mir ins Bett, wie sie es getan hatte, als sie klein gewesen war. Erst sah sie mich nur an, dann fragte sie. Sie wollte alles genau wissen: alles über Drogen und Drogenabhängige. Ich sagte ihr, was ich wusste.
»Wenn die Inga den Andy gern hatte, warum ist sie dann fortgelaufen?«, fragte Carola.
»Weil Drogen erreichen, dass man alles vergisst.«
»Auch den liebsten Menschen?«
»Auch den liebsten Menschen.«
Carola lehnte sich ins Kissen zurück und dachte nach. Ich stand auf und ging ins Bad.
Zum Frühstück verschlang ich eine Unmenge dick belegter Wurst- und Käsebrötchen, dann ging ich zu Herbert.
Herbert wusste bereits alles. Er hatte mit Andys und meinen Eltern in Verbindung gestanden. Trotzdem: Als er die Einzelheiten erfuhr, wurde er noch blasser, als er ohnehin war. »Mensch!«, sagte er, als ich fertig war.
Dann gingen wir zu Frau Hoff. Ingas Mutter freute sich über unser Kommen, aber sie fragte nicht, ob oder wann Inga wieder nach Hause kommen würde.
Zurück auf der Straße sahen wir Herrn Wilkes Opel. Wir gingen in den dritten Stock hinauf. Herr Wilke öffnete. Er legte einen Finger vor den Mund. »Wenn Andy euch hört, will er euch sehen. Der Arzt hat gesagt, er braucht unbedingt Ruhe.«
Wir nickten, wir verstanden das.
Dann sagte Herr Wilke: »Danke.« Er sagte es zu mir.
Ich schüttelte den Kopf.

26

Drei Tage später durften Herbert und ich Andy besuchen. Er lag auf der Couch und sah uns entgegen. Er versuchte ein Grinsen, aber es wurde keins. Wir fragten, wie es ihm ginge.

»Ganz gut«, antwortete Andy verlegen.

Dann schwieg er wieder. Wir waren auch nicht die Gesprächigsten.

Endlich hielt es Andy nicht mehr aus: »Gibt's was Neues von Inga?«

Ich schüttelte den Kopf.

Andy wandte den Blick ab.

»Sollen wir sie nicht doch suchen?«, fragte ich.

»Nein. Hätte sie gewollt ...« Andy brach ab.

Herbert und ich hatten Respekt. Was Andy empfand, davon hatten wir bisher nur in Büchern gelesen.

Als das Schweigen zu lange dauerte, fragte ich: »Wie war das damals? Gab es keine Möglichkeit, Inga von Ali fern zu halten?«

Ich wollte nicht in der Wunde bohren, sagte mir nur, dass es gut für Andy sei, über Inga zu reden – von uns die Bestätigung zu erhalten, dass er nichts hätte ändern können.

Andy stieg darauf ein. Mit leiser Stimme begann er zu erzählen: von seinem ersten Treffen mit Inga, wie sie ihm gleich die Wahrheit über sich erzählt hatte; von ihrer Angst, jeder erkenne die ehemalige Fixerin in ihr. »Das war der Grund, weshalb wir dich im Schwimmbad auflaufen ließen: Inga befürchtete, die Einstiche im Arm könnten sie verraten.«

Andy erzählte auch von Frau Hoff. Einmal war ihm Ingas

Mutter nachgelaufen und hatte ihn gebeten, auf Inga aufzupassen, sie nicht im Stich zu lassen. Er hatte ihr das versprochen. Dann aber hatte er Inga doch im Stich gelassen: als Inga zu Ali in das Auto stieg. Er hatte gewusst, dass Ali Inga einen Joint versprochen hatte, und sie gebeten, ihn nicht zu nehmen. Dass jedes Gespräch über dieses Thema die Sucht in Inga nur verstärkte, hatte er nicht gewusst.

»Es ist nicht bei dem Joint geblieben.« Andy stand auf, trat an das Fenster und blickte auf die sonnenüberflutete Straße hinunter. »Stoff für einen Druck hat Ali ihr auch geschenkt. Mit komplettem Besteck. Für später, hat er gesagt. Und Inga ist gleich nach Hause gerannt und hat sich den Druck gesetzt.«

Andy drehte sich zu mir herum. »An dem Tag, an dem du kamst, um mit mir zu reden, war ich auch drauf gewesen. Es war mein dritter Joint, ich war lustig und wütend zugleich. Wütend auf Inga, auf Ali, auf mich – und auf dich. Auf dich schon lange. Ich hielt dich für einen, dem man nicht trauen kann, der laut tönt, aber innen hohl ist. Deshalb warf ich dich raus.« Er senkte den Kopf. »Dass du Inga und mir damals gefolgt bist, hielt ich für blöd. Aber dass du nicht abgehauen bist, obwohl ich dich links liegen ließ, vergesse ich dir nie.«

Die Szene war uns beiden peinlich. Ich wusste nicht, was für ein Gesicht ich machen sollte.

Andy berichtete weiter. Das Sitzenbleiber-Zeugnis, Ingas Ausbleiben, die Enttäuschung der Mutter – alles war zusammengekommen. Er hatte Inga gesucht und im Park getroffen, allein auf einer Bank – voll drauf! »Sie hatte kein Geld,

keinen Pfennig! Ali hatte ihr gesagt, das wäre der letzte Druck gewesen, den er ihr auf Kredit verkauft hätte.«
Andy hatte mit Inga geredet, hatte sie gebeten, mit ihren Eltern zu sprechen. Inga hatte davon gesprochen, Geld zu stehlen, sich den »Goldenen Schuss« zu setzen, Schluss zu machen; hatte von ihrer Zeit mit Rolf erzählt, wie sie anschaffen gegangen war, bis sie es nicht mehr gekonnt hatte, und wie sie damals schon Schluss machen wollte und Pech dabei gehabt hatte. Andy war aufgestanden und davongelaufen. Zu Hause hatte er sich auf den Teppich geworfen und erst mal geheult. Die Mutter war nicht da gewesen. Dann hatte er das Geld aus der Kassette genommen und war zu Inga zurückgelaufen. Sie hatte noch immer auf der Bank gesessen.
Ali war es gewesen, der Andy und Inga Kuttes Truppe empfohlen hatte. »Ich bin mitgegangen, um Inga nicht allein zu lassen. Aber ich wollte auch eine Zeit lang weg sein, alles hinter mir lassen, die Schule, Vater, Mutter – und euch.«
Andy und ich rauchten. Herbert runzelte nicht einmal die Stirn.
Andy sprach von der Zeit in Bremen. »Immer öfter griff sie zur Spritze, jeden Morgen, jeden Abend. Sie konnte einfach nicht verwinden, dass ihre Eltern ihretwegen von zu Hause fortgezogen waren.« Andy stockte. »Als mein Geld alle war, sagte Kutte, er wisse, wo Inga Geld verdienen könne. Inga schrie, das würde sie nicht wieder tun, nie wieder. Aber sie wusste, dass sie es doch tun würde. Sie hatte Angst davor. An diesem Abend kam Ali. Wir sollten einige Sachen aus seinem Zimmer holen. Den Rest kennt ihr.«

Mir war, als wäre Andys Zimmer nur eine Kulisse, als wären all die Bilder und Möbel nur dazu da, um uns von dem abzulenken, was außerhalb des Theaters vor sich ging.

27

Wir fuhren in die Ferien: Herbert mit seiner Mutter in den Harz, Andy mit seinen Eltern nach Österreich, Carola, Vater, Mutter und ich an die See.

Es waren schöne Ferientage: schwimmen, wandern, sonnenbaden, angeln, reden – Vater mit mir, ich mit Carola, Vater mit Mutter. Wir waren näher zusammengerückt, alle vier; wir waren froh darüber.

An einem verregneten Nachmittag fuhren wir nach Hause. Wir waren noch beim Auspacken, da kam Herbert. Er brachte mir einen Zeitungsartikel. Eine Frankfurter Zeitung schrieb über drei Rauschgiftopfer, zwei Jungen und ein Mädchen. Das Mädchen hieß Inga H., stammte aus B. und hatte sich absichtlich eine Überdosis gespritzt. Man hatte zwei Briefe bei ihr gefunden. Sie hatte auf einer Bahnhofstoilette gelegen.

Der »Goldene Schuss«! Ich sah auf den Zeitungsartikel und sagte mir, dass das zu erwarten gewesen wäre – ich konnte es trotzdem nicht fassen.

Dann dachte ich an Andy, der zwei Tage später eintreffen musste. Dann an Ingas Eltern. Dann an Inga: Wie war sie nach Frankfurt gekommen?

Als Andy kam, fand er eine Vorladung der Polizei im Briefkasten. Er ging noch am selben Tag zur Polizeistation, sein Vater ging mit. Einer von Ingas beiden Briefen war für Andy.

Herbert und ich trafen Andy am Tag danach. Wir sprachen nur kurz über Inga. Was in dem Brief gestanden hatte, fragten wir nicht.

Andy ging Frau Hoff besuchen, blieb aber nicht lange. Als er zurückkam, sagte er, dass Hoffs in ihren Heimatort zurückkehren würden.

In den letzten Augusttagen lagen Herbert, Andy und ich auf einer Wiese im Park und lernten. Herbert hatte in den Ferien einen Plan ausgearbeitet, wie wir Andy durch die Nachprüfungen lotsen könnten. Andy bestand die Prüfungen. Wir waren froh, dass wir zusammenbleiben konnten.

Lies mich ...

**Leseprobe aus dem
Ravensburger Taschenbuch 58198
»Tagebuch einer Sehnsüchtigen«
von Linda Glovach**

Freitag, 11. April

Lieber neuer Freund,
ich werde mich nie wieder verlieben, niemals! Warum ist das Leben so grausam? Warum tun die Menschen einander so gern weh?
Dr. Kohltari (mein Seelenklempner) hatte mir gesagt, ich solle einmal versuchen, über meine Gefühle zu schreiben, wenn ich nicht über sie reden möchte, und weißt du was? Ich fühle mich einfach Scheiße. Also, falls du meine leidende, gequälte Seele ertragen kannst, lege ich jetzt los.
Gestern Abend war wahrscheinlich der schrecklichste Abend meines ganzen Lebens. Nicole (meine beste Freundin) und ich sind in die Stadt zum Hardrock-Café in der 57. Straße gefahren, um uns mit meinem (zukünftigen Ex-) Freund Theodore Langeford zu treffen, der dort hinter der Theke steht. Ich hatte ihn seit zehn Monaten nicht mehr gesehen.
Wir waren während der ganzen Highschool-Zeit

zusammen. Irgendwie gingen alle Leute, ich selbst übrigens auch, einfach davon aus, dass wir irgendwann heiraten würden.

Ich bin dieses Jahr neunzehn geworden – Teddy schon im vergangenen Dezember. Sein Sternzeichen ist Schütze und ich bin im Februar geboren (mit zwei aneinander vorbeischwimmenden Fischen als Sternzeichen). Er sollte eigentlich an die Cornell Universität gehen, wie es bei den Männern seiner Familie Tradition ist, aber er selbst war sich eigentlich noch gar nicht im Klaren darüber, was er mit seinem Leben anfangen sollte.

Als seine Tante starb und ihm fünfzehntausend Dollar hinterließ, packte er seine Koffer und flog nach Barbados den Wellen entgegen, anstatt aufs College zu gehen.

Er surfte für sein Leben gern und wollte eigentlich Rettungsschwimmer werden. Während der Highschool haben wir den Sommer immer mit Surfen am West End von Jones Beach verbracht. Da gibt es die besten Wellen und die Surfer hängen hier ab. Er erzählte mir, dass er sich lange Zeit nicht zwischen Barbados und Puerto Rico entscheiden konnte. An beiden Orten gibt es fantastische Wellen. Aber schließlich fiel seine Wahl dann auf Barbados. Als er nach New York zurückkehrte, war ich ganz aufgeregt. Ich ging einfach davon aus, dass es weitergehen würde. Aber da ließ er die **BOMBE** platzen!

Er hatte auf Barbados eine fünfzehn Jahre ältere Frau kennen gelernt. Sie verbrachten viel Zeit miteinander. Und dann lud sie ihn ein zu ihr in das große Haus zu ziehen, in dem sie früher mit ihrem Ex-Mann gelebt hatte – einem

stellvertretenden Geschäftsführer einer großen Plattenfirma in Los Angeles.
Sie besaß auch ein altes Luxusapartment am Riverside Drive in Manhattan, auf der Höhe der 70. Straße, wo früher auch der Komponist Leonard Bernstein gelebt hatte. Darauf schien Teddy ganz besonders stolz zu sein. Er sagte, dass er nur im Hardrock arbeite, um sich ein bisschen Taschengeld zu verdienen. Rose, eine Multimillionärin, kam für alles andere auf. Sie hatte ihm einen nagelneuen Ferrari (sein Lieblingsauto) gekauft. Der Wagen stand ganz in der Nähe der Bar und Teddy wollte ihn mir unbedingt zeigen, aber ich vertröstete ihn auf ein anderes Mal. Er entschuldigte sich bei mir dafür, dass er mit mir Schluss machte, aber er sagte, es gefiele ihm einfach zu gut, sich um das Geld keine Gedanken mehr machen zu müssen. **ER HAT MIR MEIN HERZ GEBROCHEN!**
Dann bot er mir und Nicole einen seiner »fantastischen« Pfirsich- oder Bananen-Margaritas oder einen der »berühmten« Mai-Tais an, die er auf Barbados zu mixen gelernt hatte. Der wird in einer Kokosnuss serviert und besteht aus sieben verschiedenen Alkoholsorten.
Ich habe zehn Margaritas getrunken! Die mit Pfirsich waren so unglaublich lecker, dass ich nicht einmal merkte, wie viel Alkohol drin war.
Und heute leide ich nicht nur unter einem gebrochenen Herzen, sondern habe auch noch einen mörderischen Kater. Himmel, das Telefon klingelt.

Ciao, Sam

Hallo, da bin ich wieder,
Nicole war dran und wollte wissen, wie es mir geht.
Sie hat mich gestern Nacht in meinem Auto nach Hause gefahren und ins Haus geschleppt. Nach der achten Margarita kann ich mich an nichts mehr erinnern, aber irgendwie hat sie es geschafft, mir mein Nachthemd überzuziehen und mich ins Bett zu stecken. Ich schätze, Mum und Kevin Reed, ihr Freund, waren mal wieder hoffnungslos betrunken.
Ich hatte schon gehofft, es wäre Teddy, der mir sagen wollte, dass er einen schrecklichen Fehler gemacht hat und mich immer noch liebt. Aber wer sollte mich schon lieben, stimmt's? Ich glaube, ich bin nicht einmal schlau genug, um aufs College zu gehen. Aber das ist egal, weil ich sowieso Schauspielerin werden will. Nicole auch.
Ich hatte eigentlich vorgehabt schon einmal Schauspielunterricht zu nehmen, aber natürlich ist bisher noch nichts weiter passiert, als davon zu »träumen« und weiterhin bei Chicken & Ribs auf dem Boulevard zu arbeiten. Und mit den jämmerlichen fünf Dollar die Stunde, die ich da verdiene, werde ich mir wohl nie Schauspielstunden leisten können.
Nur um Dinah, meine Maine-Coon-Katze, kümmere ich mich richtig. Ich behandle sie wie eine Prinzessin. Ich liebe sie über alles.

Ciao, Sam

Montag, 14. April

Lieber Freund,
ich bin gerade von meinem Termin bei Dr. K zurückgekommen. Ich gehe normalerweise immer montagnachmittags um fünf dorthin und haue deshalb eine Stunde früher von der Arbeit ab, was bei dem Scheißladen eine echte Erlösung ist.

Als ich nach Hause kam, konnte ich Mum nirgendwo sehen, aber rate mal, wer in **meinem** Zimmer auf **meinem** Bett saß und **meinen** Videorekorder benutzte? Reed natürlich. Den finde ich so zum Kotzen!

Auch ohne auf den Bildschirm zu sehen war mir klar, dass es ein Pornostreifen war. Ich verabscheue ihn zutiefst! Was erwartete er denn eigentlich von mir? Dachte er, ich würde neben ihn aufs Bett hüpfen und mit zusehen?

Er macht mich die ganze Zeit an, zieht an meinen Haaren und umarmt mich »im Scherz«. Er nennt mich Schätzchen und starrt mich an, damit mir auch ja auffällt, dass er mich auf seine besondere »scharfe« Art ansieht.

Er sieht sehr gut aus: ein Ex-Knacki mit einem strammen, muskulösen Körper, großen blauen Augen und einem jungenhaften Gesicht, aber im Grunde ist er ein Penner. Ich glaube, wenn Mum nicht die ganze Zeit so besoffen wäre, würde sie das auch erkennen und ihn rausschmeißen. Sie ist sehr zierlich und zart und er behandelt sie mies und schubst sie herum.

Er ist einer der Gründe, warum ich anfing, zu Doktor K

zu gehen. Ich hatte sogar so eine Art Mini-Nerven-
zusammenbruch. Ich wäre fast völlig durchgedreht! Sie
haben sich so oft gestritten, dass ich es einfach nicht
mehr aushalten konnte. Manchmal musste ich mich schon
übergeben, sobald ich ins Haus kam. Selbst für einen
Schmerzaufsauger wie mich gibt es Grenzen. Mum
machte den ersten Termin für mich bei Dr. K aus.
Das ist ihre Art, sich um mein seelisches Wohlbefinden
zu kümmern. Falls ich jetzt irgendetwas Schreckliches
anstelle oder mir etwas passiert, muss sie deswegen kein
ganz so schlechtes Gewissen haben.
Dr. K gab mir etwas gegen meine Depressionen und
Tranquilizer für meine Nerven. Beide Mittel waren groß-
artig, aber sie machten mich so groggy, dass ich nicht
zur Arbeit gehen konnte. Ich will ja nicht unbedingt alles
völlig bewusst erleben oder hellwach sein – ich leide
so schon genug – aber ich möchte gern noch etwas vom
Leben mitbekommen, deshalb hörte ich auf, sie zu
nehmen. Es sind einfach nicht die richtigen Medikamente
für mich.
Jedes Mal, wenn ich Mum gegenüber die ganze Streiterei
erwähne, fängt sie sofort an, Reed in Schutz zu nehmen.
»Was hast du denn eigentlich vor, willst du die einzige
Beziehung zerstören, die ich habe? Ob du es glaubst oder
nicht, er liebt mich.«
Sie hat eine Riesenangst davor, ihr gutes Aussehen zu
verlieren und sich nie wieder einen hübschen Typ angeln
zu können. Trotzdem tut sie alles, um sich selbst und ihr
Aussehen zu ruinieren. Wenn sie wenigstens für ein paar

Wochen mit dem Saufen aufhören würde, könnte sie sich vielleicht wieder auf die Reihe bekommen. Sie weiß keinen Ausweg mehr. Sie meint, dass er die einzige Freude in ihrem Leben sei. Ich glaube, sie schlafen nicht einmal mehr miteinander, weil sie immer völlig betrunken ist. Aber ich halte mich jetzt da raus. Es war einfach zu deprimierend. Und Dr. K sagt, dass es jetzt in erster Linie um mich geht, dass ich immer zuerst an mich denken soll. Aber das ist leichter gesagt als getan.

Reed ist einunddreißig, neun Jahre jünger als Mum, aber er benimmt sich wie ein 13-Jähriger. Sie leben von Mums Geld, aber das schwindet schnell dahin. Sie wird kaum noch als Model engagiert, und wenn es doch mal passiert (manchmal ruft sie ein befreundeter Fotograf von der *Cosmopolitan* oder der *Town & Country* an), schicken sie Mum meistens irgendwann nach Hause, weil sie so betrunken ist.

Mum bekommt immer noch Geld für ein paar Werbespots im Fernsehen, die sie zusammen mit einem ehemaligen Football-Star (ich habe seinen Namen vergessen) für ein Aftershave gedreht hat, aber das wird auch weniger. Alles, was sie noch hat, ist ihr schicker neuer Lexus, den Reed langsam zu Schrott fährt, und das Haus, in dem wir alle wohnen und das sie und mein Ex-Dad damals bar bezahlt haben.

Reed behauptet, dass er mal ein Trucker war und wertvolle Rennpferde durchs ganze Land gekarrt hat, aber jetzt gibt er nur noch Mums Geld aus und fährt in ihrem Lexus herum – und manchmal kommt er die ganze

Nacht nicht nach Hause. Aber zu seinem großen Glück ist Mum normalerweise so zu, dass sie nicht einmal mehr den Unterschied zwischen Tag und Nacht mitkriegt.

Dr. K sagte, dass ich mit Mum über eine eigene Wohnung reden soll, wenn ich sie mal wenigstens halbwegs nüchtern erwischen kann. Vielleicht kann sie mir mit dem Geld für die Kaution unter die Arme greifen. Ich sollte unbedingt ausziehen, denn das wäre gut für meine seelische Gesundheit und mein Selbstwertgefühl.

Wenn sie mir das Geld geben würde, das ich für die Kaution brauche, könnte ich mir die Monatsmiete für eine kleine Wohnung gerade so leisten. Für meine Arbeit bei Chicken & Ribs bekomme ich (mit Überstunden) nur einhundertfünfundachtzig Dollar in der Woche heraus. Das reicht kaum zum Überleben, aber eine eigene Wohnung würde mich dazu zwingen, mir einen neuen Job zu besorgen, und den habe ich dringend nötig. Mein jetziger Boss ist ein Ausländer, der offenbar der Meinung ist, dass einem Frauen wie Vieh gehören, sobald man ihnen Geld zahlt. Er hat überhaupt keinen Respekt vor mir, beleidigt mich vor allen Kunden und behandelt mich wie seine Leibeigene. Ich weiß, dass ich auch etwas Besseres kriegen könnte, und eine neue Wohnung würde mir den Ansporn geben, den ich brauche. Dann könnten Dinah und ich zusammen ein wunderbares Leben beginnen. Was meinst du? Ob wir das schaffen?

Ciao, Sam

Noch mal hallo,
ich bin jetzt schon seit zwei Stunden hier und Mum
schläft immer noch. Ich bin ein bisschen besorgt, denn
wenn Mum Tag und Nacht schläft, hat sie meistens
Schlaftabletten von ihrem Arzt bekommen. Manchmal
schläft sie dann tagelang. Sie meint, dass sie das vom
Trinken abhält, und das sei gut so, denn sie wisse nicht,
wie lange ihr Magen die ständigen Alkoholattacken
noch aushalten wird. Sie sagt, er brenne.
Jeden Tag trinkt sie ungefähr einen Liter billigen Gin
und Reed ist ihre Gesundheit völlig egal. Ihm ist es sogar
lieber, wenn ihr schlecht ist und sie schläft, weil er sich
dann ungeniert im ganzen Haus bewegen kann. Mum hat
mir erzählt, dass ihn seine Mutter, als er klein war, bei
Gewitter immer in ihrem Garten an einen Baum gebunden
hat, bis er jaulte wie ein Hund und darum flehte, herein-
kommen zu dürfen. Angeblich hat sie das angemacht.
Ganz schön krank, was? Kein Wunder, dass er Frauen
hasst. Er hat mir schon ein paar Mal einen Mords-
schrecken eingejagt, wenn er Mum rumgeschubst und
geschlagen hat.
Einmal, nachdem er geduscht hatte, behauptete er, die
Wanne sei völlig verdreckt, und dann prügelte er sie durch
das ganze Haus, bis sie auf ihr Bett fiel. Danach warf
er noch einen von unseren Korbstühlen nach ihr und ver-
passte ihr damit fast eine Gehirnerschütterung. Ich war
zu Tode erschrocken. Von meinem Zimmer aus rief ich die
Bullen an, aber er stürmte aus dem Haus, bevor sie
eintrafen. Dann war Mum stinksauer auf mich, weil ich

die Polizei gerufen hatte. Mum torkelte tagelang mit schrecklichen Kopfschmerzen und blau geprügeltem, geschwollenem Gesicht herum. Ich vermute, dass er ihr vielleicht wirklich eine Gehirnerschütterung beigebracht hatte, denn seitdem ist sie nicht mehr wie früher.
Ich werde mal in Mums Schublade nachsehen, wie viele Tabletten sie bekommen hat. Vielleicht nehme ich auch ein paar. Entweder mache ich mir Sorgen um sie oder ich denke über die Sache mit Teddy nach. Deshalb bin ich ziemlich deprimiert und das Leben widert mich an.

Ciao, Sam

PS: Dinah ist immer bereit, auch einzuschlafen, sobald ich mich hinlege, dafür liebe ich sie mehr als alles auf der Welt. Sie hat Diabetes, deshalb gebe ich ihr noch eine Insulininjektion, bevor wir einschlafen.

Hier bin ich wieder. **ICH BIN EIN UNGEZOGENES MÄDCHEN GEWESEN!** Der Apfel fällt nicht weit vom Stamm (Gott stehe mir bei). Ich habe die Schublade von Mums Nachttisch durchwühlt und eine Packung mit ungefähr fünfunddreißig Schlaftabletten gefunden.
Mum war gerade wieder völlig zu und schnarchte leise, aber regelmäßig vor sich hin. Wenigstens weiß ich so, dass sie noch lebt. Kein Wunder, dass sie so deprimiert ist. An ihrem Spiegel klebt ihre augenblickliche Lebensphilosophie, die sie aus einer Zeitschrift ausgeschnitten hat. Sie tauscht sie alle paar Monate je nach Stimmung

aus. Ihre letzte bestand aus einem Gedicht von Elisabeth Bishop, das »Die Kunst des Verlierens« heißt. Es handelt davon, wie man im Laufe seines Lebens, wenn man älter wird, nach und nach Dinge und geliebte Menschen verliert, bis man stirbt. Das Motto für diesen Monat stammte aus dem Film **Mondsüchtig**: »Wir sind hier, um uns selbst zu zerstören, anderen das Herz zu brechen und bis zu unserem Tod die falschen Menschen zu lieben.« Ziemlich deprimierend, was? Kein Wunder, dass sie nicht aufwachen will.

Ich habe drei Schlaftabletten genommen. Ich muss morgen nicht arbeiten, und wenn ich ehrlich bin, ist es mir auch völlig egal, ob sie mich aus dem Laden rausschmeißen. Ich werde einfach schlafen, bis mich ein Prinz weckt.

Das bedeutet wohl, dass ich noch länger schlafen werde als Dornröschen. Ich frage mich, ob Mum auch darauf wartet.

Gute Nacht, oder lebe wohl??? Sam